もくじ

日本文教版　社会地理

JN096314

第1編 世界と日本の地域構成

1 世界の地域構成

満点☆ミッション

❶陸地
　六大陸と島々。

❷海洋
　三大洋と小さな海。

❸六大陸
　ユーラシア大陸，北アメリカ大陸，南アメリカ大陸，アフリカ大陸，オーストラリア大陸，南極大陸。

❹三大洋
　太平洋，大西洋，インド洋。

❺国境
　陸上や海上に引かれる，国と国の境。

❻島国〔海洋国〕
　まわりを海に囲まれている国。

❼内陸国
　海に面していない国。

❽ロシア
　ユーラシア大陸の北側に位置する国。

❾バチカン市国
　イタリアのローマ市内にある。

❿人口密度
　1km²あたりの人口。

テストに出る！ **ココが要点** 解答 p.1

1 地球の姿をながめよう 教 p.2〜p.3

▶ 六大陸と三大洋

● 地球…（❶　　　　　　　）は，六大陸と島々からなる。
　　　　（❷　　　　　　　）は，三大洋と付属した海からなる。
　◇陸地と海洋の割合…約3対7。「水の惑星」とよばれる。

●（❸　　　　　　　）…ユーラシア大陸，北アメリカ大陸，南アメリカ大陸，アフリカ大陸，オーストラリア大陸，南極大陸。

●（❹　　　　　　　）…太平洋，大西洋，インド洋。

▶ 六つの州…アジア州，ヨーロッパ州，アフリカ州，北アメリカ州，南アメリカ州，オセアニア州。

▼六大陸と六つの州

2 主な国々の名前と位置をとらえよう(1) 教 p.4〜p.5

▶（❺　　　　　　　）…国と国の境。

● 自然の地形（山地・川・海洋など）を使った国境と，人間が決めた緯線・経線を使った直線的な国境がある。

●（❻　　　　　　　）…海に囲まれ，海の上に国境がある国。日本，イギリスなど。

●（❼　　　　　　　）…まわりがほかの国との国境で，海に面していない国。モンゴル，スイスなど。

▶ 世界の人口と面積

● 世界の人口は70億人以上。

● 中国・インド…人口はそれぞれ10億人以上。

● 日本…人口は1億人以上。世界でおよそ60番目の面積。

●（❽　　　　　　　）…陸地の1割を占める，世界最大の面積の国。アジアとヨーロッパにまたがる。

●（❾　　　　　　　）…世界一人口が少なく，面積が小さい国。

● 人口÷面積＝（❿　　　　　　　）…人口集中のめやす。

ココが要点の答えになります。

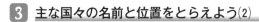

3 主な国々の名前と位置をとらえよう(2)　教 p.6〜p.7

▷ 国名は，自然，民族・文化，人物名などから名づけられている。

●ベトナム…中国から見て南の国の意。フランス…フランク族。

▷ 世界の国々は，(⑪　　　　　　　　　　)を定めている。

●色・形・図柄(ずがら)に国の歴史や人々の思いがこめられているため，

象徴として大切にされている。

4 緯度と経度のしくみをとらえよう　教 p.8〜p.9

▷ 地球上の位置を正確に示すために，緯度(いど)・経度(けいど)を用いる。

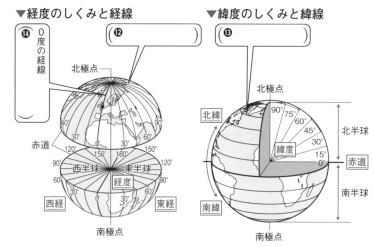

▼経度のしくみと経線　　▼緯度のしくみと緯線

5 地球儀と世界地図から世界をとらえよう　教 p.10〜p.11

▷ 地球儀(ちきゅうぎ)と世界地図(せかいちず)には，それぞれ特徴がある。

●(⑮　　　　　　　　　　)の長所・短所

◇長所…距離(きょり)・(⑯　　　　　　　　　)・面積・形をほぼ正確に

あらわす。

◇短所…いちどに全体を見わたせず，持ち運びが不便。

●(⑰　　　　　　　　　　)の長所・短所

◇長所…持ち運びが便利。

◇短所…地球の表面すべてを正確にあらわすことはできない。

▷ 地図は(⑱　　　　　　　　　　)に基づいてつくられている。

●図法(ずほう)…距離・方位・面積・形などのうち，いくつかを正確にあ

らわす方法。

◇正距方位図法…中心から各地への距離・方位が正確。

◇メルカトル図法…2地点を結ぶ直線と経線の角度が等しい。

主として海図に利用。

◇モルワイデ図法…面積が正確。主に分布図に利用。

満点★ミッション

⑪国旗(こっき)

国を代表し，象徴(しょうちょう)す

るしるし。

⑫経線(けいせん)

北極点と南極点を結

んだ縦の線。

⑬緯線(いせん)

赤道と平行に引かれ

た横の線。

⑭本初子午線(ほんしょしごせん)

0度の経線。イギリ

スのロンドン郊外(こうがい)の

グリニッジを通る。

⑮地球儀(ちきゅうぎ)

地球の表面をあらわ

した球体の模型(もけい)。

⑯方位(ほうい)

⑰世界地図(せかいちず)

地球の表面を平面上

にあらわした図。

⑱図法(ずほう)

距離，方位，面積，

形のうち，いくつか

を正確にあらわす方

法。

テストに出る！

予想問題　1 世界の地域構成

🕐 30分

/100点

1 右の地図を見て，次の問いに答えなさい。

(1)(2)3点×4，他4点×3〔24点〕

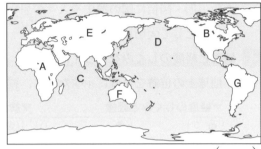

よく出る (1)　A・Bの大陸を，それぞれ何といいますか。

A（　　　　　　　）

B（　　　　　　　）

よく出る (2)　C・Dの海洋を，それぞれ何といいますか。

C（　　　　　　　）

D（　　　　　　　）

(3)　Eの大陸に含まれる2つの州の正しい組み合わせを，次から選びなさい。　（　　　）

ア　南アメリカ州・ヨーロッパ州　　イ　アジア州・アフリカ州

ウ　ヨーロッパ州・アジア州　　　　エ　アフリカ州・南アメリカ州

(4)　F・Gの大陸は，それぞれ何という州に含まれますか。

F（　　　　　　　）　G（　　　　　　　）

2 右の地図を見て，次の問いに答えなさい。

5点×8，(1)①は完答〔40点〕

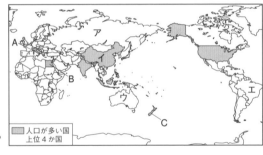

(1)　世界の国々の面積と人口について，次の問いに答えなさい。

よく出る ①　世界で最も面積が広い国を，ア〜エから選び，国名を書きなさい。

記号（　　　）　国（　　　　　　　）

②　人口が10億人をこえる国はどこですか。2つ書きなさい。

（　　　　　　　）（　　　　　　　）

③　②の国々が位置する州を，次から選びなさい。　（　　　）

ア　アフリカ州　　イ　アジア州　　ウ　北アメリカ州　　エ　南アメリカ州

(2)　Aの国の首都に位置する，世界で最も面積が小さく，人口が少ない国を何といいますか。

（　　　　　　　）

(3)　B国の直線的な国境の基準となっているものを，次から選びなさい。　（　　　）

ア　川　　イ　山脈　　ウ　緯線・経線　　エ　海洋

記述 (4)　Cは島国です。島国とはどのような国ですか。簡単に書きなさい。

（　　　　　　　　　　　　　　　　　　　）

(5)　人口を面積で割った値を何といいますか。　（　　　　　　　）

ちょっとひといき　授業で出てきた国がどこにあるか，世界地図で確認しておこう！

3 右の2つの地図を見て，次の問いに答えなさい。　　3点×5〔15点〕

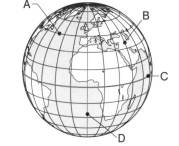

地図1

よく出る (1) 地図1中のA・Bの線を，それぞれ何といいますか。

A（　　　　　　　）

B（　　　　　　　）

よく出る (2) 地図1中のCの線は，Aの線のなかでも0度を示すもの
です。これを何といいますか。

（　　　　　　　）

よく出る (3) 地図1中のDの線は，Bの線のなかでも0度を示すもの
です。これを何といいますか。

（　　　　　　　）

(4) 地図2中のニューオーリンズの位置を正し
くあらわしたものはどれですか。次から選び
なさい。　　　　　　　　　　　（　　）

ア　北緯30度，東経90度

イ　北緯30度，西経90度

ウ　南緯30度，東経90度

エ　南緯30度，西経90度

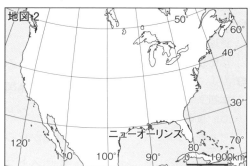

地図2

4 右の2つの地図を見て，次の問いに答えなさい。　　3点×7〔21点〕

地図1

よく出る (1) 地図1・地図2で正しくあらわされているものを次からそれ
ぞれ選びなさい。

地図1（　　）　地図2（　　）

ア　中心からの方位　　イ　経線に対する角度　　ウ　面積

(2) 地図1中の4つの都市のなかで，東京に最も近い都市はどこ
ですか。　　　　　　　　　　（　　　　　　　）

(3) 地図1中の4つの都市のなかで，東京から見て，東の方向に
ある都市はどこですか。　　　　（　　　　　　　）

(4) 地図1中のXの大陸は，地図2中のa〜dのどれですか。
記号で答えなさい。　　　　　　　　　　（　　）

地図2

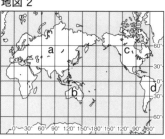

(5) これらの地図は，方位や形など，何かを正確にあらわす
約束に基づいてつくられています。この約束のことを何と
いいますか。　　　　　　　　（　　　　　　　）

(6) 地図とちがい，地球の表面のすべてを正確にあらわすこ
とができる模型を何といいますか。（　　　　　　　）

2 日本の地域構成①

テストに出る! **ココが要点** 解答 p.2

1 日本の位置をとらえよう
教 p.12〜p.13

▶ 経度・緯度からみた日本の位置

- 南北…およそ(**❶**) 20度から46度の範囲。
  - ◇同緯度に, スペイン, エジプト, イラン, 中国, アメリカなどの国々がある。
- 東西…およそ(**❷**) 122度から154度の範囲。
  - ◇同経度に, ロシア, 韓国, オーストラリアなどの国々がある。
- 日本は緯度からみると(**❸**)半球の国。
  (**❹**)からみると東半球の国。

▶ 他国からみた日本の位置

- 日本は島国(海洋国)のため, 韓国, 北朝鮮, 中国, ロシア, フィリピンなどと海をはさんでとなり合う。
- 中国からみると…日本は東にある近くの国。
  オーストラリアからみると…日本は(**❺**)をはさんで北にある遠い国。
- ヨーロッパからみると…東アジアは地図のはるか東の端にあるようにみえるため, 東アジアを「極東」とよぶことがある。

2 日本と世界各地との時差をとらえよう
教 p.14〜p.15

▶ 世界各地の標準時

- (**❻**)…世界の国々の標準時の差。
- (**❼**)…それぞれの国の時刻の基準となる。
  - ◇その国が定めた(**❽**)の真上に太陽がきたときを, 午後0時(正午)とする。
- 日本の標準時子午線…兵庫県(**❾**)を通る東経135度の経線。
- 地球は24時間で1回転(1時間に15度回転)→経度15度で1時間の時差が生じる。
- (**❿**)…西側は, 東側より日付が1日進む。
  - ◇経度180度の経線にほぼ沿って引かれている。

▶ 時差の計算方法…両地点の経度の差÷15度。

- 経度の差を計算→時差を計算→時差から時刻を計算。

満点★ミッション

❶北緯
赤道を0度として, 北極点までの位置をあらわす。

❷東経
ロンドンを通る本初子午線を0度として, 東側の位置をあらわす。

❸北半球
地球の赤道以北の半球部分。

❹経度
本初子午線を0度とし, 東西に180度まである。

❺太平洋
世界最大の海洋。

❻時差
地球上の2つの地点の時刻の差。

❼標準時
世界のそれぞれの国や地域で標準として定められている時刻。

❽標準時子午線
標準時を決めるときに基準にされる経線。

❾明石市
日本の標準時子午線である東経135度の経線が通る。

❿日付変更線
経度180度を中心に設定された日付の境界線。

ココが要点の答えになります。

テストに出る!

予想問題

2 日本の地域構成①

⏰30分

/100点

1 右の地図を見て，次の問いに答えなさい。　　　　　10点×4〔40点〕

(1) 日本の南北の範囲にあてはまるものを，次から選びなさい。　　　（　　　）

ア　北緯10度から26度　　　イ　北緯15度から36度

ウ　北緯20度から46度

よく出る (2) 日本と緯度が同じ範囲にある国として，正しいものを次から選びなさい。　（　　　）

ア　エジプト　　　　イ　オーストラリア

ウ　インドネシア　　エ　ドイツ

(3) 日本の南にあり，日本と経度が同じ範囲にある大陸を，次から選びなさい。　（　　　）

ア　北アメリカ大陸　　　イ　南アメリカ大陸

ウ　アフリカ大陸　　　　エ　オーストラリア大陸

(4) 日本は，東半球と西半球のどちらにありますか。　　　（　　　　　　　　）

2 右の地図を見て，次の問いに答えなさい。　　　　　10点×6〔60点〕

(1) 世界の国々では，時刻の基準となる子午線を定めています。この子午線を何といいますか。

（　　　　　　　　）

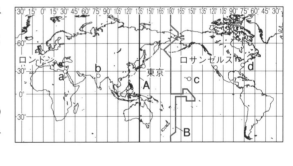

(2) 日本の(1)にあたるのは，地図中のAの線です。この経線の経度は東経何度ですか。

東経（　　　　　　　　）

(3) 地図中のBの線について，次の文中のA・Bにあてはまる語句を，次からそれぞれ選びなさい。　　　A（　　　）　B（　　　）

　　地図中の日本側から東のロサンゼルス側にこえるときは，日付を1日（　A　）。反対に，ロサンゼルス側から西の日本側にこえるときは，日付を1日（　B　）。

ア　進める　　イ　遅らせる

(4) 地図中のa〜dの都市のうち，最も早く1月1日をむかえる都市を選びなさい。

（　　　）

(5) 東京が3月1日の正午のとき，イギリスのロンドンは3月1日の何時ですか。午前または午後をつけて書きなさい。　　　（　　　　　　　　）

2 日本の地域構成②

テストに出る！ ココが要点　　解答 p.2

1 日本の領域の特色をとらえよう　教 p.16〜p.17

▶ (**❶**　　　　　　　　)…国の主権がおよぶ範囲。

● 陸地である領土，領土に接する海域である(**❷**　　　　　　)，領土と領海の上の空間の領空からなる。

● (**❸**　　　　　　)…海岸線から200海里までの範囲のうち，領海を除く部分。沿岸国が水産資源や鉱産資源を利用できる。

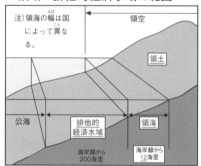

▼領域・排他的経済水域の範囲

注)領海の幅は国によって異なる。

領空／領土／領海／公海／排他的経済水域／海岸線から200海里／海岸線から12海里

● 日本の東西南北の端
　◇北端…択捉島(北海道)　　◇東端…南鳥島(東京都)
　◇西端…与那国島(沖縄県)　◇南端…沖ノ鳥島(東京都)

● 日本の国境…島国(海洋国)であるためすべて海上に引かれる。

2 日本の領域をめぐる問題をとらえよう　教 p.18〜p.19

▶ 日本の領土である北方領土と竹島をめぐり，他国とのあいだに(**❹**　　　　　)をかかえている。

● (**❺**　　　　　)…歯舞群島・色丹島・国後島・択捉島からなる，日本固有の領土。ロシアが不法に占拠している。

● (**❻**　　　　　)…日本海にある日本固有の領土。韓国が不法に占拠している。

● 尖閣諸島…東シナ海にある日本固有の領土で，1970年代以降(**❼**　　　　　)が領有権を主張。領土問題は存在しない。

3 日本の都道府県と7地方区分をとらえよう　教 p.20〜p.21

▶ 日本には47の(**❽**　　　　　)がある。

● (**❾**　　　　　)…県庁がおかれている都市。

▶ 日本の地域区分

● 7地方区分…九州地方，中国・四国地方，(**❿**　　　　　)地方，中部地方，関東地方，東北地方，北海道地方。

● 東日本・西日本，山陰・瀬戸内・南四国，北陸・中央高地・東海などにも分けられる。

満点★ミッション

❶領域
国家の主権がおよぶ範囲。領土・領海・領空からなる。

❷領海
日本の領海は，領土の海岸線から12海里。

❸排他的経済水域
沿岸国が，水産資源，鉱物資源などを自国だけで利用できる。

❹領土問題
他国とのあいだで解決すべき領有権の問題。

❺北方領土
第二次世界大戦中にソ連に占領され，ソ連解体後はロシアに占拠されている。

❻竹島
国際法に従い島根県に編入されている。

❼中国
尖閣諸島の領有権を主張し，日本の領海に侵入している。

❽都道府県
1都・1道・2府・43県。

❾県庁所在地
政治・経済・文化の中心地であることが多い。

❿近畿地方
三重県・滋賀県・京都府・大阪府・兵庫県・奈良県・和歌山県。

ココが要点の答えになります。

テストに出る！

予想問題

2　日本の地域構成②

⏱30分

／100点

1 右の地図を見て，次の問いに答えなさい。

(3)10点×2，他8点×5〔60点〕

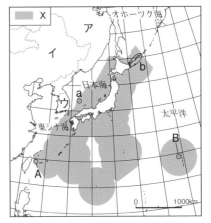

(1) 国の主権がおよぶ範囲を何といいますか。

（　　　　　　　　　）

(2) 日本の端の島であるA・Bの島を何といいますか。
　　□からそれぞれ書きなさい。

A（　　　　　　　　　）

B（　　　　　　　　　）

| 択捉島 | 南鳥島 |
| 与那国島 | 沖ノ鳥島 |

(3) Xについて，次の文中のA・Bにあてはまる語句や数字を書きなさい。

A（　　　　　　　　　）　B（　　　　　　　　　）

> Xは，日本の領海と（　A　）の範囲を示している。（　A　）は，海岸線から（　B　）海里までの範囲のうち領海を除いた海域で，沿岸国が水産資源や鉱産資源を利用できる。

(4) a・bの島を不法に占拠している国を，地図中のア〜ウからそれぞれ選びなさい。

a（　　　）　b（　　　）

2 右の地図を見て，次の問いに答えなさい。

8点×5〔40点〕

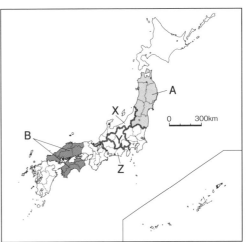

(1) 地図中のA・Bの地方名をそれぞれ書きなさい。

A（　　　　　　　　　）

B（　　　　　　　　　）

(2) 中部地方をX〜Zの3つの地域に分けたとき，Zの地域を何といいますか。

（　　　　　　　　　）

(3) 次のア〜エから，県名と県庁所在地名が異なるものを選び，①記号と②県庁所在地名を書きなさい。

①（　　　）　②（　　　　　　　）

ア　秋田県　　イ　新潟県
ウ　兵庫県　　エ　山口県

第2編 世界のさまざまな地域

第1章 世界各地の人々の生活と環境①

 満点★ミッション

❶気温
地表から1.25〜2m
の高さの大気の温度。

❷降水量
雨や雪が地表に降る
量。

❸熱帯気候
赤道を中心に広がり，
1年を通して気温が
高い。

❹乾燥帯気候
降水量が少なく，乾
燥する。

❺温帯気候
四季の変化がはっき
りしている。

❻サバナ気候
雨の多い雨季と，雨
の少ない乾季がある。

❼砂漠気候
1年を通して雨がと
ても少ない。

❽西岸海洋性気候
年間の気温や降水量
の差が小さい。

❾冷帯（亜寒帯）気候
夏が短く，冬の寒さ
がきびしい。針葉樹
林が広がっている地
域がある。

❿高山気候
同じ緯度の標高が低
い地域よりも気温が
低くなる。

テストに出る！ **ココが要点** 解答 p.2

1 世界のさまざまな場所 教 p.24〜p.25

▶ 世界の食事のようすから

● **主食**…米，小麦，とうもろこし，いも類など。地域の自然環境
に適してよく育ち，たくさん収穫できる農産物が主食になる。

2 世界のさまざまな気候 教 p.26〜p.27

▶ 気候…緯度や海からの距離，高度，風や海流などが影響。

● (❶　　　　　　)…**赤道**付近で最も高く，高緯度になるに
つれて下がる。

● 海に近い場所では (❷　　　　　　) が多く，夏と冬，昼と
夜の気温の差が小さい（**海洋性の気候**）。海からはなれた場所で
は降水量が少なく，気温の差が大きい（**内陸性の気候**）。

▶ 世界の気候

▼世界の気候区分

■ (❸　　　　　)
□ (❹　　　　　)
■ (❺　　　　　)
■ 冷帯（亜寒帯）気候
■ 寒帯気候

（「ディルケ世界地図帳」2018年）

● **熱帯気候**…雨が1年じゅう多い**熱帯雨林気候**と，**雨季**と**乾季**に
分かれている (❻　　　　　) 気候。

● **乾燥帯気候**…砂や岩の砂漠が広がる (❼　　　　　) 気候，
少しだけ雨が降り草原が広がる**ステップ気候**。

● **温帯気候**…年間の気温差が大きく降水量が多い**温暖湿潤気候**，
年間の気温や降水量の差が少ない (❽　　　　　) 気候，
冬に雨が多く夏に乾燥する**地中海性気候**。

● (❾　　　　　)（**亜寒帯**）**気候**…冬の寒さがきびしく，夏
と冬の気温差が大きい。

● **寒帯気候**…寒さがきびしく樹木が育たない。夏にこけ類が育つ
ツンドラ気候と，1年じゅう氷と雪におおわれる**氷雪気候**。

● 標高が高い地域では，(❿　　　　　) **気候**がみられる。

テストに出る！
予想問題
第1章 世界各地の人々の生活と環境①

⏱30分

/100点

1 右の地図を見て，次の問いに答えなさい。　　　　10点×3〔30点〕

(1) 次の①～③の生活がみられる地域を，A～Cからそれぞれ選びなさい。

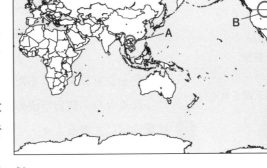

① アンデス山脈付近で，じゃがいもを栽培し，主食にしている。　（　　）

② 小麦を主食としており，大規模な農地で小麦づくりが行われている。　（　　）

③ 主食である米をつくる稲作が盛んである。　　　　　　　　　　（　　）

2 右の地図を見て，次の問いに答えなさい。　　10点×7，(2)は完答〔70点〕

(1) A～Cの気候帯を何といいますか。□からそれぞれ書きなさい。

A（　　　　　　　　）

B（　　　　　　　　）

C（　　　　　　　　）

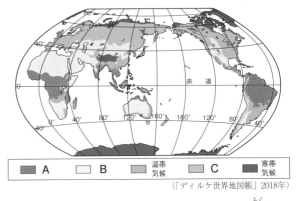

■ A　　■ B　　■ 温帯気候　　■ C　　■ 寒帯気候

（「ディルケ世界地図帳」2018年）

| 乾燥帯気候　　　熱帯気候 |
| 冷帯（亜寒帯）気候 |

(2) 気候帯は，さらにくわしく区分して気候区に分けることができます。寒帯気候に含まれる2つの気候区をそれぞれ書きなさい。　（　　　　　　　）（　　　　　　　）

(3) 乾燥帯気候のうち，少しだけ雨が降り草原が広がる気候を何といいますか。

（　　　　　　　）

(4) 温帯気候のうち，年間の気温差が大きく降水量が多い気候を何といいますか。

（　　　　　　　）

(5) 高山気候の広がる地域では，同じ緯度の地域に比べて気温が低くなっています。その理由として，正しいものを次から選びなさい。　（　　）

ア 海からの距離が近いから。　　イ 海流の影響を受けるから。

ウ 標高が高いから。

第2編 世界のさまざまな地域

第1章 世界各地の人々の生活と環境②

テストに出る！ ココが要点　　解答 p.3

1 暑い地域に生きる人々　　教 p.28〜p.29

▶ マレーシア…（**❶**　　　　　）気候に含まれる。1年を通して気温が高く，午後に<u>スコール</u>が降る。

● オラン・アスリ…マレーシアの（**❷**　　　　　）。かつては森の中で**自給自足**の生活。**高床式**の風通しのよい家屋を使用。

◇（**❸**　　　　　）化以降，ゴムやアブラヤシの**プランテーション**をつくるため，<u>熱帯雨林</u>を伐採→森で生活ができなくなり，政府が決めた**定住地**で生活するようになる。

2 乾燥地域に生きる人々　　教 p.30〜p.31

▶ モンゴル高原…（**❹**　　　　　）気候に含まれる。雨があまり降らず，農業に適さない。乾燥に強い家畜を群れで飼う。

● <u>遊牧民</u>…（**❺**　　　　　）を行う人々。

● <u>家畜</u>のめぐみをあますことなく利用。

◇羊・やぎ・牛・馬・らくだの乳製品，肉，毛皮。羊の毛でつくるフェルトは**ゲル**という住居の壁に使われる。

● 遊牧民の数は減少し，ウランバートルに人口が集中。

● 石炭，銅などの（**❻**　　　　　）の開発で環境問題が発生。

3 温暖な地域に生きる人々　　教 p.32〜p.33

▶ イタリア…（**❼**　　　　　）気候に含まれる。雨は主に冬に降り，夏は乾燥する。

● <u>小麦</u>作り中心の農業…秋に種まき→冬にクリスマスなどの祭り→春にイースター(復活祭)→夏に小麦の収穫。

● 石造りで窓の小さい住居…夏でも室内を涼しく保つ。

●（**❽**　　　　　）運動や<u>アグリツーリズム</u>が盛ん。

4 寒い地域に生きる人々　　教 p.34〜p.35

▶ 北アメリカ北部…**冷帯(亜寒帯)気候**や（**❾**　　　）気候に含まれる。

● アラスカからグリーンランドは<u>ツンドラ気候</u>。

●（**❿**　　　　　）…この地域の先住民。野生の**カリブー**や**アザラシ**の狩りをし，肉や脂肪を食料に，毛皮を衣服に利用。

● イヌイットの生活は，村に定住する生活に変化している。

満点ミッション

❶熱帯気候
赤道を中心に広がり，1年を通して気温が高い。

❷先住民
その地域にもとから住んでいた民族。

❸植民地
ほかの国に支配されている地域。

❹乾燥帯気候
降水量が少なく，乾燥した気候。

❺遊牧
家畜をつれて季節ごとに移動する生活。

❻鉱産資源
地下にあるエネルギーや金属などの資源。

❼温帯気候
四季の変化がはっきりしている気候。

❽スローフード運動
地元の伝統的な食材を見直す運動。

❾寒帯気候
寒さがきびしく，樹木が育たない。

❿イヌイット
カナダ北部に住む先住民。

5 高地に生きる人々　教 p.36〜p.37

▶ （⑪　　　　　　　　　）山脈沿いに広がる中央アンデス高地…標高が高く，**高山気候**が広がる。日差しが強く，帽子をかぶる。

● 標高4000m以上…リャマやアルパカの（⑫　　　　　　　　　）。

● 標高4000m以下…**じゃがいも**などの農産物の栽培。

● 標高が低い，温暖な低地…とうもろこしの栽培。

● 自動車道路の建設やトラックによる運搬が進む→リャマの減少。

6 さまざまな言語と人々の生活　教 p.38〜p.39

▶ 世界のさまざまな言語…世界には6000以上の言語がある。

● （⑬　　　　　　　　）…公に定められている言語。

● （⑭　　　　　　　　）…複数の言語を使う国家。スイスやカナダ，インドなど。

● **方言**…同じ言語でも地域によってちがいがある。

▶ 世界のさまざまな言語

● **英語**や**中国語**が世界で普及。文字をもたない言語や**少数言語**，消滅が予想される言語がある。

　◇（⑮　　　　　　　　）…自然に習得される言語→自分や集団のよりどころとして守ろうとする努力も。

● **外来語**…外国の言葉を取り入れて使う。

7 さまざまな宗教と人々の生活　教 p.40〜p.41

▶ （⑯　　　　　　　　）宗教…**仏教・キリスト教・イスラム教**。

▼世界の宗教の分布

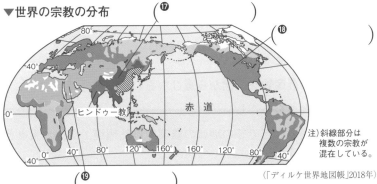

注）斜線部分は複数の宗教が混在している。

（「ディルケ世界地図帳」2018年）

● **キリスト教**…パレスチナ地方でおこり，ヨーロッパやその植民地だった地域を中心に，移民や布教で広まる。

● **イスラム教**…アラビア半島でおこりアフリカやアジアに広まる。

● インドで信仰されている（⑳　　　　　　　　）など，特定の地域や民族に信仰される宗教もある。

⑪ **アンデス山脈**
南アメリカ大陸の太平洋岸に，南北にのびる山脈。

⑫ **放牧**
家畜を草地で放し飼いにする。

⑬ **公用語**
役所などで公に使われる言語。

⑭ **多言語国家**
複数の言語が公用語などとして使用されている。

⑮ **母語**
小さいときに自然に身につけた言語。

⑯ **三大宗教**
世界で広く信仰されている宗教。

⑰ **仏教**
シャカがインドでおこす。

⑱ **キリスト教**
イエスがパレスチナでおこす。

⑲ **イスラム教**
ムハンマドがアラビア半島でおこす。

⑳ **ヒンドゥー教**
インドを中心に信仰されている。カースト制という身分制度がある。

テストに出る！
予想問題

第1章 世界各地の人々の生活と環境②

⏱30分

/100点

1 右の地図を見て，次の問いに答えなさい。　　　4点×12〔48点〕

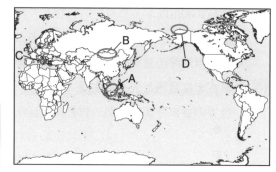

(1) A・Bの地域が含まれる気候を，□□□からそれぞれ書きなさい。

A (　　　　　　　　　)

B (　　　　　　　　　)

| 寒帯気候 | 温帯気候 |
| 乾燥帯気候 | 熱帯気候 |

(2) C・Dの地域の雨温図を，右から選びなさい。

C (　　) D (　　)

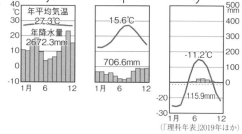

(「理科年表」2019年 ほか)

(3) Aの地域について，次の問いに答えなさい。

① この地域に広がっている，降水量が多く日照時間が長い気候帯で発達する森林を何といいますか。　(　　　　　　　　　)

② この地域で午後に降るはげしい雨を何といいますか。　(　　　　　　　　　)

(4) Bの地域について，次の問いに答えなさい。

① この地域で，家畜を飼い，えさとなる草を求めて移動しながらくらす人々を何といいますか。　(　　　　　　　　　)

② この地域が含まれる国の経済を支えている，石炭や銅，金などの資源を何といいますか。　(　　　　　　　　　)

(5) Cの地域について，次の問いに答えなさい。

① この地域で主食とされている農産物を，次から選びなさい。　(　　)

ア 米　イ 小麦　ウ とうもろこし

② この地域で盛んな，農家や農場などでその地域の農業や自然環境，文化，人々との交流を楽しむ観光のことを何といいますか。　(　　　　　　　　　)

(6) Dの地域について，次の問いに答えなさい。

① この地域に住む先住民を，次から選びなさい。　(　　)

ア オラン・アスリ　イ ケチュア　ウ イヌイット

🖋記述 ② ①の人々の伝統的な生活を，「狩り」「移動」という語句を使って，簡単に書きなさい。

(　　　　　　　　　　　　　　　　　　　　　　　　　　)

2 右の図を見て，次の問いに答えなさい。 3点×4〔12点〕

(1) 中央アンデス高地など，標高が高い地域でみられる気
候を何といいますか。

（　　　　　　　　）

(2) X・Yにあてはまる農産物を次から選びなさい。

X（　　）　Y（　　）

ア　アブラヤシ　　イ　じゃがいも　　ウ　米　　エ　とうもろこし

記述 (3) アルパカやリャマが放牧されている地域はどのような地域ですか。「農産物」の語句を
使って，簡単に書きなさい。

（　　　　　　　　　　　　　　　　　　　　　　　　　　　　　　）

3 次の問いに答えなさい。 4点×10〔40点〕

(1) 次の①・②にあてはまる言語を，あとから選びなさい。

① 話し手の人口が最も多い。 （　　）

② ヨーロッパの国の言語だが，中央アンデス高地など，南アメリカの国でも広く話され
ている。 （　　）

ア　英語　　イ　スペイン語　　ウ　アラビア語　　エ　中国語

(2) ２つの公用語があるカナダや，公用語のほかに21の言語を公認しているインドのような
国を何といいますか。 （　　　　　　　　）

(3) 同じ言語でも，他の地域とは異なった形で使われる言語を何といいますか。

（　　　　　　　　）

(4) 外国の言語に由来することばを何といいますか。 （　　　　　　　　）

(5) 次の①～③にあてはまる宗教を書きなさい。

① インドでおこり，６世紀に日本に伝わった。 （　　　　　　　　）

② アラビア半島でおこり，アフリカやアジアに広まった。 （　　　　　　　　）

③ パレスチナ地方でおこり，ヨーロッパをはじめ，世界各地に広まった。

（　　　　　　　　）

(6) 地図中のAの宗教に関係するものを，次か
ら選びなさい。 （　　）

ア　牛を神聖な動物とする。

イ　年に約１か月のあいだ断食をする。

ウ　教会でお祈りをする。

(7) インドを中心に信仰されているBの宗教を
何といいますか。

（　　　　　　　　）

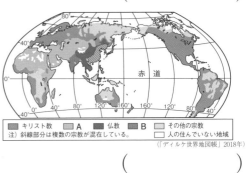

■ キリスト教　□ A　■ 仏教　□ B　□ その他の宗教
注）斜線部分は複数の宗教が混在している。　□ 人の住んでいない地域
（『ディルケ世界地図帳』2018年）

第2章 世界の諸地域　1 アジア州

テストに出る！ **ココ**が**要点**　　解答 p.4

❶ユーラシア大陸
地球上で最も大きい大陸。

❷ヒマラヤ山脈
世界最高峰のエベレスト山があるけわしい山脈。

❸季節風〔モンスーン〕
夏と冬で風向きが変わる風。

❹乾季
1年のうち，降水量が少ない時期。

❺発展途上国
経済の発展が先進国に比べて進まず，生活水準が低い国。

❻稲作
人手がかかるが，せまい土地でもたくさんの量を収穫できる。

❼先端技術〔ハイテク〕産業
医薬品，航空・宇宙，コンピューターなどの産業。

❽経済特区
外国企業をよい条件で受け入れている。

❾国内総生産〔GDP〕
国内で，1年間に新しく生産された，製品やサービスの額の合計。経済の規模をあらわす。

❿都市問題
都市で起こる環境問題や社会問題。

1 アジアの自然環境と人々のかかわり　教 p.46〜p.47

▶ アジア州…（**❶**　　　　　　）**大陸**の広い範囲を占める。

● （**❷**　　　　　　）山脈やチベット高原から，**黄河・長江・インダス川**などの大河川が流れる。

● 大陸東部〜南部…（**❸**　　　　　　）がふく。夏に<u>雨季</u>，冬に（**❹**　　　　　　）がある。

● 東アジアの内陸部・中央アジア・西アジア…乾燥帯気候。

▶ 巨大な人口と多様な文化

● 経済が発展した<u>先進国</u>と多くの（**❺**　　　　　　）がある。

● 人口…アジアに世界の人口の約6割が住む。

● 文化…古くから文明が発達した**中国**と**インド**が周辺の文化に影響。漢字を使用し，米を主食にするなど，共通の文化がある。
　◇ **仏教**…東南アジアや東アジアに伝わる。
　◇ **イスラム教**…西アジアから南アジア，東南アジアに伝わる。

● 農業…降水量が多い東アジアや南アジアで（**❻**　　　　　　），降水量の少ない東アジア北部や南アジア内陸部で小麦などの<u>畑作</u>，乾燥した西アジアや中央アジアで羊などの<u>牧畜</u>が盛ん。

2 世界への輸出による経済発展　教 p.48〜p.49

▶ 東アジアの工業化…日本に続き，**韓国**，**台湾**，中国などで進む。

● **韓国**…（**❼**　　　　　　）産業や自動車工業が盛ん。

● **中国**…沿岸部につくった（**❽**　　　　　　）で外国企業を受け入れており，ハイテク産業が集まる。
　◇ さまざまな工業製品がつくられ，「<u>世界の工場</u>」とよばれる。

▶ 経済発展にともなう中国の課題

● 経済発展が進み，（**❾**　　　　　　）が世界第2位に。

● 経済が発展した都市部で，大気汚染などの<u>環境問題</u>や<u>貧富の差</u>の拡大などの（**❿**　　　　　　）が発生している。

地図中：インダス川　ヒマラヤ山脈　黄河　日本　サウジアラビア　インド　長江　赤道　0°　インド洋

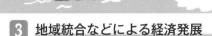
3 地域統合などによる経済発展　教 p.50～p.51

▷　東南アジアの農業・漁業

●稲作…季節風による雨季の降水量を利用。**年に２回収穫する**
（⑪　　　　　　　　　）も行われる。

●（⑫　　　　　　　　　）…<u>植民地</u>だった時代に開かれた大規模農
園。現在も天然ゴム，コーヒー，アブラヤシなどを栽培。

●輸出用の<u>えび</u>の養殖や，にわとりの飼育も盛ん。

▷　東南アジアの工業化と経済発展

●シンガポール…輸入した原材料を加工する工業が発展。多くの
（⑬　　　　　　　）がつくられる。

●タイ，マレーシア，インドネシアなどが外国企業を受け入れる。
→日本などの外国企業が中国から工場を移転する動きがある。

●（⑭　　　　　　　　　）…東南アジアのほとんどの国が加盟。

4 人口増加と産業の変化による経済発展　教 p.52～p.53

▷　南アジアの農業

●米と麦が主要な農産物。綿花と茶の栽培も盛ん。

▷　インド…人口は約14億人。

◇約７割が（⑮　　　　　　　）**教**を信仰。

◇かんがいや機械化，品種改良で，収穫量の増加→米・小麦を
ほぼ自給できるようになる。

◇植民地支配からの独立後も，（⑯　　　　　　　）**制度**とよ
ばれる身分制度による差別などの社会問題が残る。

▷　インドの経済発展…（⑰　　　　　　　　）**(ICT)産業**の発展。

●ベンガルール…ICT関連の企業や研究施設が集中。

5 豊富な資源を生かした経済発展　教 p.54～p.55

▷　西アジアの資源

●ペルシア湾沿岸…石油の産出地。石油の生産量は世界の約３割。

●（⑱　　　　　　　　　）…産油国が結成。石油価格に影響力。

▷　中央アジアの資源

●石油，天然ガス，石炭，（⑲　　　　　　　　　　）(希少金属)など
の鉱産資源にめぐまれ，開発が進む。

▷　**イスラム教**…西アジア・中央アジアで広く信仰される。

▷　**紛争**…宗教・宗派や民族のちがいにより起こる。紛争が続き，
大量の（⑳　　　　　　　　）が発生している。

満点☆ミッション

⑪**二期作**
同じ耕地で同じ作物
を２回つくる。

⑫**プランテーション**
単一の農産物を栽培
する大規模な農園。
植民地支配で開発が
進んだ。

⑬**工業団地**
用地開発し，複数の
工場を集めた地域。

⑭**東南アジア諸国連
合〔ASEAN〕**
東南アジアの国際組
織。経済の分野で結
びつきを強める。

⑮**ヒンドゥー教**
インドを中心に信仰
される。

⑯**カースト制度**
ヒンドゥー教に基づ
く身分制度。

⑰**情報通信技術〔ICT〕
産業**
情報処理や情報通信
に関する産業。

⑱**石油輸出国機構
〔OPEC〕**
産油国による組織。

⑲**レアメタル〔希少
金属〕**
産出量が少ない，希
少な金属。

⑳**難民**
危険からのがれるた
め，住んでいた国を
はなれた人々。

テストに出る！

予想問題

第2章 世界の諸地域
1 アジア州

🕐30分

/100点

---

1 右の地図を見て，次の問いに答えなさい。　　　4点×6〔24点〕

(1) Aの山脈を何といいますか。

（　　　　　　　　）

(2) Bの都市の雨温図を，右のア～ウから選びなさい。　　　（　　　）

(3) アジアの東部から南部にふく，夏と冬でふく向きの変わる風を何といいますか。

（　　　　　　　　）

(4) (3)の影響で降水量が少なくなる時期を何といいますか。　　（　　　　　　　　）

(5) (3)の影響を受けにくい東アジアの内陸部や中央アジア，西アジアに広がっている気候を何といいますか。　　（　　　　　　　　）

(6) アジアには，世界の約何割の人々が住んでいますか。次から選びなさい。　（　　　）

ア　約2割　　イ　約4割　　ウ　約6割　　エ　約8割

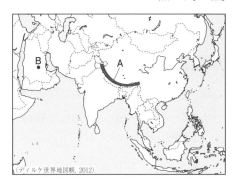

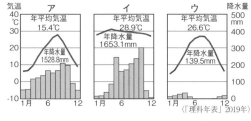

---

2 東アジアについて，次の問いに答えなさい。　　　4点×5〔20点〕

(1) 中国にある，外国企業をよい条件で受け入れる地区を何といいますか。

（　　　　　　　　）

(2) 中国でさまざまな工業製品をつくられ世界中に輸出されていることから，中国は何とよばれていますか。　　（　　　　　　　　）

(3) 中国の都市部で起こっている，大気汚染や貧富の差の拡大などの問題を何といいますか。

（　　　　　　　　）

(4) 地図から，経済が豊かなのは，沿岸部と内陸部のどちらですか。

（　　　　　　　　）

(5) 韓国で盛んな，最先端の高度な技術を要する産業を何といいますか。

（　　　　　　　　）

中国の1人あたりの地域別総生産

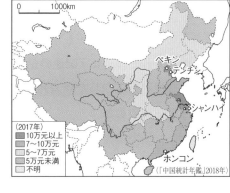

　　ちょっとひといき　グラフは全体を見ないで，一番多いところ少ないところに注目しよう！

3 東南アジアについて，次の問いに答えなさい。　(3)5点，他4点×4〔21点〕

(1) 東南アジアで行われている，高い気温を生かして年に2回米を収穫することを何といいますか。　（　　　　　　　）

(2) 右のグラフ中の天然ゴムは，植民地時代につくられた大規模な農園で栽培されています。この農園をカタカナで何といいますか。　（　　　　　　　）

マレーシアの輸出品の変化

その他 25.9
石油 23.8%
天然ゴム 16.4
木材 14.1
パーム油 10.7
電気機器 9.1
1980年 129億ドル

電気機器 24.7%
その他 39.0
機械類 17.6
石油製品 8.8
パーム油 5.5
天然ガス 4.4
2016年 1894億ドル

(UN Comtrade)

記述 (3) マレーシアの産業はどのように変化していますか。グラフ中の品目をあげて，簡単に書きなさい。

（　　　　　　　　　　　　　　　　　）

(4) 東南アジアのほとんどの国が加盟している，東南アジア諸国連合を，アルファベットで何といいますか。

（　　　　　　　）

(5) 冷凍して輸送する技術が普及したことにより，輸出用に養殖に取り組む人々が増えている海産物を，次から選びなさい。　（　　　）

ア　まぐろ　　イ　えび　　ウ　さけ　　エ　たい

4 南アジア・西アジア・中央アジアについて，次の問いに答えなさい。　5点×7〔35点〕

(1) インドで多くの人が信仰している宗教は何ですか。

（　　　　　　　）

(2) インドのベンガルールに集積している，インドで発展している産業を何といいますか。

（　　　　　　　）

記述 (3) (2)が盛んな理由を，「英語」という語句を使って，簡単に書きなさい。

（　　　　　　　　　　　　　　　　　）

(4) 右の地図中のXにあてはまる鉱産資源を書きなさい。

（　　　　　　　）

(5) (4)の価格への影響力をもつ，西アジアの産油国を中心に結成された組織のアルファベットの略称を何といいますか。

（　　　　　　　）

(6) 西アジアや中央アジアで広く信仰されている宗教を何といいますか。　（　　　　　　　）

（「ディルケ世界地図帳」2018年ほか）

(7) 鉱産資源をめぐる紛争などを原因に，ほかの国にのがれた人のことを何といいますか。

（　　　　　　　）

第2編 世界のさまざまな地域

第2章 世界の諸地域　1　ヨーロッパ州

満点★ミッション

❶アルプス山脈

ヨーロッパ州の中南部にある山脈。

❷フィヨルド

氷河にけずられてできた湾。

❸北大西洋海流

北大西洋を東に流れる暖流。

❹偏西風

西から東にふく風。

❺地中海性気候

夏は高温で乾燥し，冬は比較的雨が多い。

❻白夜

夏に太陽が沈まず，1日じゅううす明るい状態が続く。

1　ヨーロッパの自然環境と人々のかかわり

教 p.60〜p.61

▶ ヨーロッパ州…ユーラシア大陸の西部に位置し，中央部にはけわしい（**❶**　　　　　　）山脈が東西につらなる。

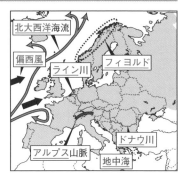

- フランスからロシアにかけて，なだらかな平原や丘陵。ライン川やドナウ川は国際的な水上交通路。

- スカンディナビア半島には氷河でけずられてできた湾である（**❷**　　　　　　）や湖が多くみられる。

▶ 気候

- 大西洋や北海の沿岸地域…（**❸**　　　　　　）海流と（**❹**　　　　　　）の影響で比較的温暖な西岸海洋性気候。

- 地中海沿岸…（**❺**　　　　　　）気候。

- ヨーロッパ東部・北部…冷帯（亜寒帯）気候。

▶ 自然環境のちがいによる多様な生活

- 大西洋や北海の沿岸地域…農業や牧畜，酪農が盛ん。

- 地中海沿岸…夏に晴れが続き，観光地として人気。

- 高緯度地域…夏は（**❻**　　　　　　）になる地域もある。

❼キリスト教

イエスがおこした宗教。イエスを救世主（キリスト）と信じた人々により広まる。

❽プロテスタント

ドイツ，イギリスなど，北ヨーロッパの国に多い。

❾ヨーロッパ連合〔EU〕

ヨーロッパ州の統合組織。

❿ユーロ

EUの共通通貨。

2　国境をこえた統合のあゆみ

教 p.62〜p.63

▶ 多様な民族と共通する文化

- **多様な民族**が存在。言語は，ゲルマン系，ラテン系，スラブ系などに分類される。

- （**❼**　　　　　　）…ヨーロッパで広く信仰される。カトリック，（**❽**　　　　　　），正教会などの宗派に分かれる。

▶ 国境をこえた統合

- （**❾**　　　　　　）…加盟国が共通政策を行う。

- 多くの加盟国で共通通貨の（**❿**　　　　　　）を導入。

- 人やものが国境を通過するときのさまざまな制限をなくし，加盟国のあいだでは，パスポートなしで国境を通過できる。

ココが**要点**の答えになります。

3 統合による産業の変化と課題　教 p.64〜p.65

▶ 地域によって異なる農業／EUのめざす農業と課題

● アルプス山脈以北…**小麦**や**ライ麦**などの栽培に**家畜**の飼育を組み合わせた (⑪　　　　　　) 農業が行われてきた。

● 地中海沿岸…**ぶどう**や**オリーブ**，**オレンジ類**を栽培する (⑫　　　　　　) 農業が盛ん。

● EUの共通農業政策…**食料自給率**を上げるため，農産物の価格を高く維持し，補助金を出す。

▶ 国境をこえた工業のうごき

● 各国で部品を分担して製造し，航空機を組み立てる。

● **賃金**の安い**東ヨーロッパ**へ工場を**移転**するうごきがある。

4 統合による社会の変化と課題　教 p.66〜p.67

▶ 環境保全による持続可能な社会への取り組み

● 環境や資源・エネルギーの面で将来の人々に負担を残さない (⑬　　　　　　) な社会をつくる取り組みが盛ん。

● 都心部で**路面電車**((⑭　　　　　　)) の利用。

● **ごみ**を**分別**し，**再利用**する (⑮　　　　　　) の取り組み。

▶ 環境に配慮した資源・エネルギー政策と課題

● 送電線や (⑯　　　　　　) で，電力や資源を輸出入。フランスの**原子力発電**や**ロシア**の**石油・天然ガス**などを利用。

● ドイツでは，**風力発電**や**太陽光発電**，**バイオマス発電**などの (⑰　　　　　　) 利用の取り組みが有名。

5 移民の増加とゆらぐ統合のうごき　教 p.68〜p.69

▶ (⑱　　　　　　) 社会の形成…異なる文化や言語，宗教などをもつ人々がともに生活している。

● **東ヨーロッパ**から**西ヨーロッパ**への移住が多い。

● **アジア**や**アフリカ**の国々からの (⑲　　　　　　) やその子孫が多く住む。

● **イスラム教**を信仰する**トルコ**，**シリア**，**北アフリカ**などからの外国人労働者や (⑳　　　　　　) の増加。

▶ ゆらぐEUの統合／分離のうごき

● **イギリス**のEUからの**離脱**…国民投票で決定。2020年に離脱。

● イギリスの**スコットランド**やスペインの**バスク地方**で，**独立運動**や**自治権の拡大**を求めるうごきが続く。

満点 ☆ ミッション

⑪ 混合農業
農産物の栽培と家畜の飼育を組み合わせる。近年，ヨーロッパでは片方を経営する農家が増加。

⑫ 地中海式農業
夏の乾燥に強いぶどうやオリーブを栽培し，冬は小麦などを栽培。

⑬ 持続可能な社会
持続可能な開発（発展）をめざす社会。

⑭ LRT
路面電車。日本では次世代路面電車システムと位置づけられる。

⑮ リサイクル
ごみを資源として再利用する。

⑯ パイプライン
石油や天然ガスなどの輸送に使われる。

⑰ 再生可能エネルギー
太陽光や風力，地熱などの枯渇しないエネルギー。

⑱ 多文化社会
異なる文化や言語，宗教などをもつ人々が共存する社会。

⑲ 移民
生活のために他の国に永久・半永久的に移り住む人々。

⑳ 難民
迫害により，他の国にのがれた人のこと。

テストに出る！
予想問題

第2章 世界の諸地域
2 ヨーロッパ州

🕐 30分

/100点

1 右の地図を見て，次の問いに答えなさい。　　(5)10点，他4点×5〔30点〕

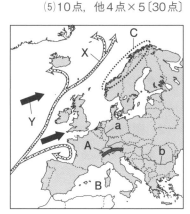

よく出る (1)　Aの山脈を何といいますか。

（　　　　　　　　　　）

よく出る (2)　Bの海を何といいますか。

（　　　　　　　　　　）

(3)　Cでは，氷河にけずられてできた地形がみられます。

この地形を何といいますか。

（　　　　　　　　　　）

(4)　a・bの河川は国境をこえて流れ，水上交通路として重要な役割をもっています。a・bの川の名前をそれぞれ書きなさい。

a（　　　　　　　　　　）

b（　　　　　　　　　　）

記述 (5)　ヨーロッパ州の大西洋や北海の沿岸地域は，緯度が高いわりに温暖な気候です。その理由を，Xの海流とYの風の名前を使って，簡単に書きなさい。

（　　　　　　　　　　　　　　　　　　　　　　　　　　　　　　　　）

2 ヨーロッパの文化と歴史について，次の問いに答えなさい。　　4点×5〔20点〕

(1)　ヨーロッパ州で広く信仰され，思想や文化に大きな影響をあたえている宗教を何といいますか。

（　　　　　　　　　　）

(2)　(1)の宗派のうち，イタリアやスペイン，フランスなどで信仰している人が多いものを，次から選びなさい。

（　　　　）

ア　カトリック　　イ　プロテスタント　　ウ　正教会

(3)　右の地図を見て，次の問いに答えなさい。

EU加盟国の拡大

①　EUを別のよび方で何といいますか。

（　　　　　　　　　　）

②　2000年代にEUに加盟した国々は，西ヨーロッパと東ヨーロッパのどちらに多いですか。

（　　　　　　　　　　）

(4)　EUで導入されている共通通貨を何といいますか。

（　　　　　　　　　　）

地図凡例:
- ☐ EC発足当時(1967年)の加盟国
- ☐ 1973年〜1986年加盟国
- ☐ 1995年加盟国
- ☐ 2004年以降の加盟国

3 右の地図を見て，次の問いに答えなさい。　(4)10点，他4点×4〔26点〕

(1) 地図中のXの山脈の北側で盛んな，小麦などの栽培と家畜の飼育を組み合わせた農業を何といいますか。

（　　　　　　　　）

(2) Yの海の周辺で栽培が盛んな農産物を，次から2つ選びなさい。　（　　）（　　）

ア　ぶどう　　イ　とうもろこし

ウ　カカオ　　エ　オリーブ

(3) EUにおける航空機生産の特色について，右の図を見て，次の文中の（　　）にあてはまる語句を書きなさい。

（　　　　　　　　　　）

> EUでは，ものが（　　）をこえるときの制限が少ないため，各国で部品を分担してつくり，組み立てている。

航空機の各部分の生産国
⬜ フランス　■ イギリス
■ ドイツ　　■ スペイン

記述(4) 西ヨーロッパから東ヨーロッパに工場を移転するうごきが広がっている理由を，簡単に書きなさい。

（　　　　　　　　　　　　　　　　　　　　　　　　）

4 次の問いに答えなさい。　4点×6〔24点〕

(1) ヨーロッパでは，環境や資源・エネルギーの面で将来の人々に負担を残さない社会をつくる取り組みが盛んです。このような社会を何といいますか。

（　　　　　　　　）

(2) ヨーロッパのエネルギー網について，次の①・②にあてはまる国をそれぞれ書きなさい。

① イギリスやドイツ，スイス，イタリア，スペインなどの国境を接する国々に電力を輸出している国。　（　　　　　　　　）

② ヨーロッパの国々に，パイプラインで石油や天然ガスを供給している国。

（　　　　　　　　）

(3) ドイツなどで利用が進んでいる，太陽光，風力，バイオマスなど，消費しても枯渇せず，環境への負担が少ないエネルギーを何といいますか。

（　　　　　　　　）

(4) ヨーロッパの国々で受け入れている，迫害を受けるなどしてほかの国にのがれた人々を何といいますか。　（　　　　　　　　）

(5) 2020年にEUを離脱した国を書きなさい。

（　　　　　　　　）

第2章 世界の諸地域　3 アフリカ州

満点★ミッション

テストに出る！ ココが**要点** 解答 p.6

1 アフリカの自然環境と人々のかかわり
教 p.74～p.75

▶ (**❶**　　　　　　　　)**大陸**…起伏がゆるやかで台地状。大陸東部の高原から**ナイル川**が流れ出す。

アトラス山脈
サハラ砂漠
ナイル川
赤道
ギニア湾
大西洋
キリマンジャロ山

▶ 気候
- **ギニア湾**沿岸…熱帯雨林気候，その外側に**サバナ気候**，**ステップ気候**，**砂漠気候**。北部に世界最大の**サハラ砂漠**が広がる。
- 大陸の北端，東部の高原，南部…**温帯気候**。

▶ 農業…熱帯気候の地域で(**❷**　　　　　　)**農業**。乾燥帯気候の地域で牛などの**牧畜**。温帯気候の地域で小麦やぶどうなどの栽培。

▶ 歴史と文化…16世紀以降，ヨーロッパ系の人々がアフリカの人々を(**❸**　　　　　　)とし，北・南アメリカにつれ去る。多くの地域がヨーロッパの国々の(**❹**　　　　　　)に。
- 言語と宗教…サハラ砂漠以北でアラビア語，イスラム教。サハラ砂漠以南でヨーロッパの言語やスワヒリ語が**公用語**。

2 農産物や鉱産資源の輸出にたよる経済
教 p.76～p.77

▶ 輸出用の農産物／鉱産資源／モノカルチャー経済の克服
- 農産物…(**❺**　　　　　　)で**カカオ**などを輸出用に栽培。
- (**❻**　　　　　)…金，銀，**ダイヤモンド**などが豊富。石油や(**❼**　　　　　)(**希少金属**)などの開発が進む。
- 経済…(**❽**　　　　　)経済の克服が課題。農産物の取り引きに(**❾**　　　　　)の取り組みが広がる。

3 社会・経済の開発や発展と国際協力
教 p.78～p.79

▶ 若い人々の多さと経済発展／課題／国際協力
- 若い人口の増加や都市移住者の増加により，**都市問題**が進行。
- 民族の分布を無視した国境線により，**紛争**や**飢餓**，**難民**が発生。
- (**❿**　　　　　)(**AU**)…アフリカの国々で結成。
- 日本の**政府開発援助**(**ODA**)や**非政府組織**(**NGO**)の協力。

❶**アフリカ大陸**
赤道をはさんで南北に広がる。
❷**焼畑農業**
森林を焼いて農地をつくり，できた灰を肥料にする。
❸**奴隷**
所有物として売買され，強制的に労働させられた人々。
❹**植民地**
他の国に支配された地域。
❺**プランテーション**
植民地支配した国がひらいた大規模農園。
❻**鉱産資源**
アフリカは石油や金，ダイヤモンドを多く産出。
❼**レアメタル〔希少金属〕**
埋蔵量が少なく，生産地が限られるが，工業製品などの生産に欠かせない金属。
❽**モノカルチャー経済**
特定の農産物や鉱産資源にたよる経済。
❾**フェアトレード**
自然環境や生産者と消費者の生活に配慮した，適正な価格での取り引き。
❿**アフリカ連合**
アフリカの国々の政治的・経済的な結びつきの強化や紛争の解決をめざし結成。

テストに出る！
予想問題

第2章 世界の諸地域
3 アフリカ州

⏱30分

/100点

1 右の雨温図や地図を見て，次の問いに答えなさい。 10点×5〔50点〕

(1) 右の**A**・**B**の雨温図が示す都市を，地図中の**ア**〜**ウ**からそれぞれ選びなさい。 A（ 　 ）

B（ 　 ）

(2) ギニア湾沿岸（わんえんがん）に広がっている気候を，次から選びなさい。

（ 　 ）

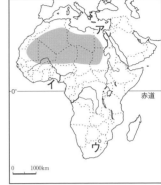

A 年平均気温 21.7℃

B 27.1℃ 797.6mm

年降水量 34.6mm

（「理科年表」2019年）

赤道

0 1000km

ア 砂漠（さばく）気候 　 **イ** ステップ気候

ウ ツンドラ気候 　 **エ** 熱帯雨林気候

(3) 乾燥帯（かんそう）気候の地域で行われている農業を，次から選びなさい。 （ 　 ）

ア 焼畑（やきはた）農業 　 **イ** 牧畜（ぼくちく） 　 **ウ** 混合農業 　 **エ** 稲作（いなさく）

(4) 16世紀以降，アフリカ大陸の大部分は，ヨーロッパの国々の何になりましたか。

（ 　 　 　 ）

2 右のグラフを見て，次の問いに答えなさい。 10点×5〔50点〕

(1) グラフ中の下線部について，このように輸出品を大規模（きぼ）に栽培（さいばい）する農園を何といいますか。

（ 　 　 　 ）

(2) グラフ中の**X**にあてはまる鉱産資源（しげん）を，次から選びなさい。 （ 　 ）

ア 石炭 　 　 **イ** 金

ウ 鉄鉱石 　 **エ** 石油

アフリカの主な国の輸出品目

ケニア
57.3億ドル
（2017年）

茶 24.9% ｜ 11.5 ｜ 6.1 ｜ その他 48.5

切り花など ｜ **X** ｜ コーヒー 4.0
衣類 5.0

ナイジェリア
443.2億ドル
（2017年）

X 81.4% ｜ 天然ガス 13.8

その他 4.8

（UN Comtrade）

(3) アフリカの一部の地域に埋蔵（ちいき）（まいぞう）され，開発が進んでいる，クロムやコバルトなどの産出量が少ない金属をカタカナで何といいますか。 （ 　 　 　 ）

記述 (4) アフリカの産業の特徴について，「農産物」「鉱産資源」の語句を使って，簡単（かんたん）に書きなさい。

（ 　 　 　 ）

(5) アフリカの地域統合を目指す組織を何といいますか。

（ 　 　 　 ）

第2章 世界の諸地域　4　北アメリカ州

満点ミッション

❶北アメリカ大陸
カナダ，アメリカ，
メキシコなどがある。

❷ロッキー山脈
北アメリカ大陸の太
平洋側にあるけわし
い山脈。

❸ハリケーン
大西洋に発生し，ア
メリカ南部に被害を
もたらす熱帯低気圧。

❹先住民
北アメリカの先住民
は狩猟や農業で生活
していた。

❺多民族国家
複数の民族から構成
されている国家。

❻移民
生活のために他の国
に永久・半永久的に
移り住む人々。

❼企業的農業
機械化で効率的に大
量生産を行う。

❽適地適作
土地に最適な作物を
栽培する。

❾穀物メジャー
世界各国で穀物の売
買などを行う大企業。

❿多国籍企業
複数の国々を拠点に
して，生産や販売活
動を行う企業。

テストに出る！ **ココが要点**　解答 p.6

1 北アメリカの自然環境と人々のかかわり　教 p.84～p.85

▷　北アメリカ州…(❶　　　　　　　　　) **大陸と周辺の島々。**

●北アメリカ大陸に**カナダ，アメリカ，メキシコ**など。メキシコ
以南に中央アメリカの国々。カリブ海に多くの島国(海洋国)。

●西側に(❷　　　　　) 山
脈。東側に**アパラチア山脈**。中
央平原に**ミシシッピ川**。

▷　気候

●**グリーンランド，北極海沿岸**
…**寒帯気候。**

●**北緯40度以北**
…**冷帯(亜寒帯)気候。**

●**北緯40度以南**…西経100度以東に**温帯気候**，西経100度以西に**乾
燥帯気候。**

●**中央アメリカやカリブ海の島々**…**熱帯気候**。メキシコ湾やカリ
ブ海に面した地域に(❸　　　　　　　) がしばしば上陸。

▷　歴史や民族…15世紀末以降，ヨーロッパからの**移民**が植民地を
つくり，(❹　　　　　　　) の土地をうばって**開拓**。アフリカ
からの**奴隷**を労働力として，輸出用の綿花やさとうきびを栽培。

●アメリカは(❺　　　　　　　) 国家…**ヒスパニック**やアジア
からの(❻　　　　　　　) など，複数の民族が国家を形成。

2 世界の食料庫，北アメリカ　教 p.86～p.87

▷　(❼　　　　　　　) …広大な農地で，大型の農業機械や**かん
がい**設備などを使用。労働者を雇い，大規模な農場を経営。

▷　(❽　　　　　　　) …各地の地形や気候に適した農業を行う。

●ロッキー山脈周辺で肉牛の放牧。その東側の地域で小麦，とう
もろこし，大豆の栽培や混合農業。北部の大都市近郊で酪農。
南部で綿花の栽培。

▷　「世界の食料庫」…北アメリカは，世界の食料供給を支える。

●穀物をあつかう(❾　　　　　　　) が大きな影響力。

●世界的な規模で事業を展開する(❿　　　　　　　) が多い。

③ **世界をリードする北アメリカの工業** 教 p.88〜p.89

▶ アメリカの工業の歴史

- 19世紀後半，**五大湖**周辺で (⑪⎵⎵⎵⎵⎵⎵⎵⎵⎵⎵) 業などの重工業が発展。**ピッツバーグ**を中心に栄える。

- 20世紀には，流れ作業による**大量生産方式**を取り入れた**自動車工業**が (⑫⎵⎵⎵⎵⎵⎵⎵⎵) で始まり，工業が発展。

▶ アメリカの工業の変化

- 航空・宇宙産業の開発→**情報通信技術(ICT)** などの発展につながり，工業の中心は (⑬⎵⎵⎵⎵⎵⎵⎵⎵) 産業に。

- (⑭⎵⎵⎵⎵⎵⎵⎵)…**北緯37度以南**に広がる工業の中心地。
  - ◇ (⑮⎵⎵⎵⎵⎵⎵)…ICT関連の有名な企業が集まる。

▶ 工業からみた北アメリカの結びつき

- アメリカの企業…**賃金**の安いアジアやメキシコなどで工業生産。

- アメリカ・(⑯⎵⎵⎵⎵⎵⎵)・カナダ…貿易を自由にする国際組織をつくっている。

④ **世界に影響をあたえるアメリカの文化や企業活動** 教 p.90〜p.91

▶ アメリカの文化…映画や音楽など，世界で広く受け入れられる。

- 英語…世界共通言語の役割を果たす。

- **ショッピングセンター**，ファーストフードのチェーン店方式はアメリカで生み出されて広まる。

▶ アメリカの多国籍企業

- ICT関連の多国籍企業がコンピューターなどの基本ソフトウェア，(⑰⎵⎵⎵⎵⎵⎵) (ソーシャルネットワーキングサービス)，インターネットショッピングのシステムなどを開発。

- 一つの国の国内総生産(GDP)をこえる売上高の企業もある。

⑤ **大量生産・大量消費の生活スタイルと持続可能な社会** 教 p.92〜p.93

▶ アメリカの生活スタイル

- (⑱⎵⎵⎵⎵⎵⎵)…自動車がなければ生活が成り立たない。

- **大量生産・(⑲⎵⎵⎵⎵⎵⎵)**…新しい製品を安く大量に生産・販売し，消費する。生活を便利にする一方，多くの資源やエネルギーを使い，大量の廃棄物を生む。

▶ 環境保全のための新たな取り組み

- (⑳⎵⎵⎵⎵⎵) エネルギーによる発電を支援。

- デポジット制…容器の預り金を徴収し，容器を返却すると返金。

満点★ミッション

⑪ **鉄鋼業**
鉄鋼製品をつくる工業。

⑫ **デトロイト**
五大湖周辺にあり，自動車工業で繁栄。

⑬ **先端技術〔ハイテク〕産業**
最先端の高度な技術を用いる産業。

⑭ **サンベルト**
アメリカの北緯37度以南に広がる，ハイテク産業が盛んな地域。

⑮ **シリコンバレー**
サンフランシスコ南部にある，世界のハイテク産業の中心地。

⑯ **メキシコ**
アメリカやカナダから工場が移転し，自動車工業やハイテク産業が盛んに。

⑰ **SNS**
インターネット上で社会的なつながりをつくることができるサービス。

⑱ **自動車社会**
日常生活の広い範囲で自動車が使われる社会。

⑲ **大量生産・大量消費**
製品を大量に生産・大量に消費する生活スタイル。

⑳ **再生可能エネルギー**
太陽光，風力，地熱など。

テストに出る！
予想問題

第2章 世界の諸地域
4 北アメリカ州

⏱30分

/100点

---

1 右の地図を見て，次の問いに答えなさい。

4点×8〔32点〕

よく出る (1)　A・Bの山脈を何といいますか。

A（　　　　　　　　）山脈

B（　　　　　　　　）山脈

よく出る (2)　C〜Eの平原のうち，D・Eにあてはまるものを，次からそれぞれ選びなさい。

D（　　）　E（　　）

ア　プレーリー　　イ　中央平原

ウ　グレートプレーンズ

(3)　①にあてはまる都市名を，次から選びなさい。

（　　　　）

ア　ワシントンD.C.　　イ　ハバナ

ウ　メキシコシティ　　エ　オタワ

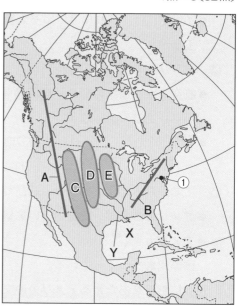

(4)　Xの湾について，次の問いに答えなさい。

①　この湾を何といいますか。　　　　　　　　　　　　　（　　　　　　　　）

②　この湾の周辺で秋に発生する熱帯低気圧を何といいますか。（　　　　　　　　）

③　この湾に注ぐYの河川を何といいますか。　　　　　　（　　　　　　　　）

---

2 右のグラフを見て，次の問いに答えなさい。

5点×4〔20点〕

(1)　次の①〜③の説明にあてはまる人々を，右のグラフを参考にして，それぞれ書きなさい。

①　もともと北アメリカに住んでいたが，しだいに住む場所をうばわれた人々。

（　　　　　　　　）

②　綿花畑などで働かせるため，奴隷として連れてこられた人々の子孫。　（　　　　　　　　）

③　スペイン語を話す，メキシコやカリブ海の島々などからの移民。

（　　　　　　　　）

(2)　中央アメリカで広く話されている言語を書きなさい。

（　　　　　　　　）

アメリカの人口構成 (2017年)

その他
先住民 1.0
アジア系 5.4
アフリカ系

総人口　3億2100万人

ヨーロッパ系
73.0%

12.7

8.5

※総人口のうち，17.8%がヒスパニック。
(United States Census 2017)

ちょっとひといき　問題をたくさん解くことで，パターンになれよう！

③ 右の地図を見て，次の問いに答えなさい。　　　　4点×5〔20点〕

(1) アメリカ合衆国の農業について説明した，次の文中の（　）にあてはまる語句を書きなさい。

（　　　　　　　　　）

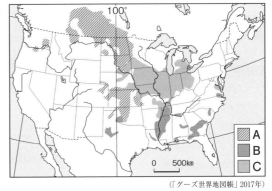

> アメリカ合衆国では，その地域の気候や土地のようすなどに合わせた（　）の農業が行われている。

（「グーズ世界地図帳」2017年）

よく出る (2) 地図中の**A〜C**で盛んな農業を，次からそれぞれ選びなさい。

A（　　）　B（　　）　C（　　）

ア　綿花　　イ　とうもろこし・大豆　　ウ　酪農　　エ　小麦

記述 (3) 北アメリカが「世界の食料庫」とよばれている理由を，「世界の国々」という語句を使って簡単に書きなさい。

（　　　　　　　　　　　　　　　　　　　　　　　　　　）

④ 右の地図を見て，次の問いに答えなさい。　　　　4点×7〔28点〕

(1) 次の表中の**A・B**にあてはまる場所を**a〜d**から，**C・D**にあてはまる特色をあとからそれぞれ選びなさい。

A（　　）　B（　　）

C（　　）　D（　　）

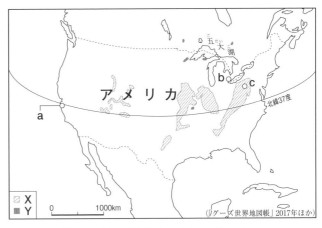

（「グーズ世界地図帳」2017年ほか）

都市や地域	位置	特色
デトロイト	（ A ）	（ C ）
シリコンバレー	（ B ）	（ D ）

ア　航空・宇宙産業が盛ん。　　　　イ　情報通信技術関連の企業が集中している。

ウ　19世紀中に鉄鋼が生産される。　　エ　20世紀に自動車の生産が始まる。

(2) 北緯37度より南の，工業の盛んな地域を何といいますか。

（　　　　　　　　　）

(3) **X・Y**で産出される鉱産資源名を，次からそれぞれ選びなさい。

X（　　）　Y（　　）

ア　石炭　　イ　天然ガス　　ウ　鉄鉱石　　エ　原油

第2章 世界の諸地域　5 南アメリカ州

満点ミッション

テストに出る！ **ココが要点**　解答 p.7

1 南アメリカ州の自然環境と人々のかかわり　教 p.98〜p.99

▷ 南アメリカ州…（ **❶**　　　　　　　　）**大陸と島々からなる。**

- （ **❷**　　　　　　　　）**山脈**が南北につらなる。

- **アンデス山脈**から流れる**アマゾン川**は，**流域面積**が世界最大。

▷ 赤道付近に**熱帯気候**が分布，（ **❸**　　　　　　　　）が広がる。

- （ **❹**　　　　　　　　）という大草原がアルゼンチンに広がる。

▷ 大規模な**企業的農業**で，輸出用の農産物を生産。
鉄鉱石・石油・銅・レアメタルなど，**鉱産資源**が豊富。

- 工業化が進み，**ブラジル**は**新興工業国**の一つとして**発展**。

2 移民の流入と開発による変化　教 p.100〜p.101

▷ （ **❺**　　　　　　　　）が生活し，**インカ帝国**などの高度な文明が発達。→16世紀，ヨーロッパの国々の**植民地**に。

- **スペイン語・ポルトガル語**を公用語とする国が多い。
- **キリスト教**が広く信仰されている。

▷ ヨーロッパ系の人々によって，**アフリカ系**の人々が（ **❻**　　　　　　　　）としてつれてこられる。

- （ **❼**　　　　　　　　）…先住民とヨーロッパ系との**混血の人々**。

▷ 20世紀には日本からの移民が農業労働。子孫の**日系人**が活躍。

▷ **プランテーション**の開発や，農地開発，鉱山開発が環境問題に。

- 南アメリカでは**都市化**が進む。各地にまずしい人々が集まる（ **❽**　　　　　　　　）が形成されている。

3 世界規模の環境問題と改善に向けた取り組み　教 p.102〜p.103

▷ アマゾン川流域では**熱帯雨林**が失われている。

- 農地開発，放牧，鉱産資源の開発などのために**伐採**される。
- 二酸化炭素の吸収量減少が（ **❾**　　　　　　　　）に影響。

▷ 開発と**環境保全**を両立させ，**持続可能な開発**を進める取り組み。

▷ （ **❿**　　　　　　　　）の生産技術の開発が進められている。

---

❶南アメリカ大陸
パナマ地峡より南のアメリカ大陸。

❷アンデス山脈
南アメリカ大陸の太平洋岸にある山脈。

❸熱帯雨林
高温多雨の熱帯にある密林。

❹パンパ
アルゼンチンに広がる温帯の草原。

❺先住民
ある地域にもともと住んでいた人。

❻奴隷
強制的に連れてこられ農園や鉱山などで働かされる人。

❼メスチソ
アメリカ大陸の先住民とヨーロッパ系のあいだの混血の人々。

❽スラム
生活環境が悪い，住宅の密集地域。

❾地球温暖化
二酸化炭素などの温室効果ガスにより，地球の気温が上昇すること。

❿バイオ燃料
植物から作られる燃料。自動車の燃料になる。

ココが要点の答えになります。

テストに出る!
予想問題

第2章 世界の諸地域
5 南アメリカ州

🕐 30分

/100点

1 右の地図を見て、次の問いに答えなさい。　　　　　8点×9〔72点〕

(1) 赤道を示す緯線を、a〜cから選びなさい。　　（　　）

よく出る (2) Aの山脈とBの川の名前を書きなさい。

　　　　A（　　　　　　　　）　B（　　　　　　　　）

(3) Bの川の流域に広がっている、多くの動植物が生息する森林を何といいますか。　　（　　　　　　　　）

(4) C・Dの国名を書きなさい。

　　　　C（　　　　　　　　）　D（　　　　　　　　）

(5) Cの国に多く住んでいる、日本から移民としてわたった人々の子孫を何といいますか。　　（　　　　　　　　）

(6) Dの国に広がっており、小麦、とうもろこし、大豆の栽培や、肉牛の放牧が行われている大草原を何といいますか。

　　　　　　　　　　　　　　　　　　（　　　　　　　　）

(7) Xの都市の雨温図を、ア・イから選びなさい。

　　　　　　　　　　　　　　　　　　　　　　（　　）

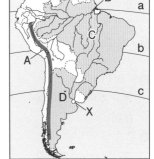

気温　　　ア　　　　　イ　　　降水量
40℃　　　　　　　　　　　　　　　500mm
年平均気温　　　　　17.8℃　　　400
27.0℃　　　　　　　　　　　　　　300
年降水量2323.6mm　　　　　　　　200
　　　　　　　　　1272.8mm　　　100
-10　1月　7　12　1月　7　12

（「理科年表」2019年）

2 次の問いに答えなさい。　　　　　　　　　　7点×4〔28点〕

(1) 先住民とヨーロッパ系の混血の人々のことを何といいますか。

　　　　　　　　　　　　　　　　　　（　　　　　　　　）

記述 (2) 南アメリカ州の多くの国でスペイン語やポルトガル語が公用語として用いられているのはなぜですか。「植民地」という語句を使って簡単に書きなさい。

（　　　　　　　　　　　　　　　　　　　　　　　　　　）

(3) 右のグラフは、南アメリカで盛んに生産されている農産物の国別生産量を示しています。この農産物を次から選びなさい。　　　　（　　）

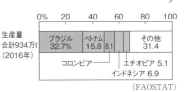

0%　20　40　60　80　100
生産量
合計934万t　ブラジル　ベトナム　8.1　その他
（2016年）　32.7%　15.8　　　　31.4
　　　　　コロンビア　　エチオピア 5.1
　　　　　　　　　　　　インドネシア 6.9
（FAOSTAT）

　ア　カカオ　　イ　米

　ウ　コーヒー　エ　小麦

(4) バイオ燃料の説明として、あやまっているものを次から選びなさい。　　（　　）

　ア　とうもろこしやさとうきびから作られる。

　イ　酸性雨の原因となる酸性の化合物の排出量をおさえられる。

　ウ　温室効果ガスを排出するため、環境保全に役立つ。

第2章 世界の諸地域　6　オセアニア州

テストに出る！ ココが要点　解答 p.8

満点★ミッション

❶**オーストラリア大陸**
大陸のなかでは一番小さい。全体的になだらか。

❷**火山島**
ハワイ諸島など。

❸**アボリジニ**
オーストラリアの先住民。

❹**マオリ**
ニュージーランドの先住民。

❺**露天掘り**
地面を直接掘る採掘方法。

❻**多民族国家**
複数の民族から構成されている国家。

❼**アジア**
オーストラリアと近く，観光面などで関係が深まっている。

❽**白豪主義**
イギリス系の移民を優遇し，アジア系の移民を制限する政策。

❾**多文化社会**
異なる文化や言語，宗教などをもつ人がたがいに認め合い，共存できている国家。

❿**地球温暖化**
地球の気温が上昇すること。二酸化炭素の増加が影響しているといわれている。

1 オセアニアの自然環境と人々のかかわり　教 p.108〜p.109

▷ オセアニア州…（❶　　　　　　　）大陸と太平洋の島々からなる。

● 太平洋の島々…火山の噴火でできた（❷　　　　　　　）やさんご礁でできた島。

● 気候
　◇ オーストラリア大陸の内陸部…乾燥帯気候。
　◇ 東部〜南西部の沿岸・ニュージーランド…温帯気候。
　◇ 赤道に近い太平洋の島々…**熱帯気候**。降水量が多い。

● 植民地支配をしていたヨーロッパ系の人が多い。

● 先住民…オーストラリアの（❸　　　　　　　）。
　　　　　ニュージーランドの（❹　　　　　　　）。

● 温帯気候の地域で酪農やぶどうの栽培。内陸よりの地域で小麦の栽培や**羊・牛の放牧**。熱帯気候の地域で**タロイモやヤムイモ**などの根菜類を中心とした農業。

● オーストラリアは**鉱産資源**が豊富で，**鉄鉱石**，**石炭**，**ボーキサイト**が（❺　　　　　　　）で採掘される。

2 多様性を認める社会づくりを進めるオセアニア　教 p.110〜p.111

▷ オーストラリアは（❻　　　　　　　）…各国からの**移民**の子孫や移民，先住民がともに生活する。

● 18世紀，**イギリスの植民地**になり，イギリス人が移住。その後，ヨーロッパ系や中国など（❼　　　　　　　）系の移民が増加。

● （❽　　　　　　　）…イギリス系の移民を優遇し，アジア系の移民を制限。1970年代に廃止→（❾　　　　　　　）社会に。

● アボリジニの生活改善，地位向上を進め，共生をめざす。

3 太平洋の島々の多様な文化と自然環境　教 p.112〜p.113

▷ 太平洋の島々の文化…フラなどの伝統文化の復興運動が進む。

▷ 深刻化する環境問題…（❿　　　　　　　）などによる**海面上昇**により，オセアニアの島国の国土が水没することが心配される。

テストに出る！
予想問題

第2章 世界の諸地域
6 オセアニア州

⏱ 30分

/100点

1 右の雨温図や地図を見て，次の問いに答えなさい。　10点×5〔50点〕

(1) 右の**A・B**の雨温図が示す都市を，地図中の**ア〜ウ**からそれぞれ選びなさい。

A（　　）

B（　　）

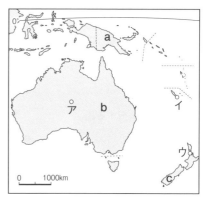

(2) マオリは，どの国で生活する先住民ですか。地図中の**a〜c**から選びなさい。

（　　）

(3) オーストラリアの北西部で多く産出される鉱産資源を，次から選びなさい。（　　）

ア　鉄鉱石　　イ　石炭　　ウ　ボーキサイト

(4) オセアニアの産業について，正しいものを次から選びなさい。（　　）

ア　鉱山では，地面を直接掘る露天掘りで鉱産資源が採掘されている。

イ　アルパカやリャマを飼育し，毛織物を生産している。

ウ　太平洋の島々では，稲作が盛んである。

2 右のグラフを見て，次の問いに答えなさい。　(4)10点，他8点×5〔50点〕

(1) グラフ中の**X・Y**にあてはまる州を，それぞれ書きなさい。

X（　　　　　　　）　Y（　　　　　　　）

オーストラリアに住む移民の出身地

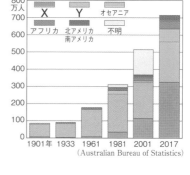

(Australian Bureau of Statistics)

(2) 18世紀にオーストラリアを植民地とした国はどこですか。（　　　　　　　）

(3) 1970年代に廃止されるまで行われていた，(2)の国などからの移民を優遇する政策を何といいますか。

（　　　　　　　）

(4) オーストラリアが多民族国家といわれるのはなぜですか。オーストラリアで生活する先住民にふれながら，簡単に書きなさい。

（　　　　　　　　　　　　　　　　　　　　　　　　）

(5) オセアニアの島国は，国土の水没が心配されています。海面上昇の大きな原因の一つとされる，地球規模の環境問題を何といいますか。（　　　　　　　）

ちょっとひといき　外国の地名は，声に出してみると覚えやすい！

第1章 地域調査の手法

 満点★ミッション

❶地形図
地表の起伏，土地利用，行政区画などの情報を一定の約束であらわす地図。

❷国土地理院
地形図を発行する国の機関。

❸縮尺
実際の距離を地図上に縮小した割合。

❹等高線
地図上で海面からの高さが同じ地点を結んだ線。

❺田
稲をかりとったあとの形を示す地図記号。

❻果樹園
果物を横から見た形を示す地図記号。

❼老人ホーム
建物のなかに杖があるようすを示す地図記号。

❽ハザードマップ
自然災害による被害の範囲と程度を予想してつくられた地図。

❾棒グラフ
資料の数量を棒の長さで示したグラフ。

❿円グラフ
項目別の割合を円であらわしたグラフ。

テストに出る！ ココが要点  解答 p.9

1 身近な地域を見直そう 教 p.120〜p.125

▷ 空中写真や (❶   ) で地域のようすを調べる。

▷ 地形図は (❷   ) が発行し，▼16方位

北を上につくられている。

- (❸   ) は2万5千分の1
や5万分の1のように分子を1であらわす。

- (❹   ) を読み取ると，その場所の高低や地形のようすがわかる。

◇ 等高線を使って断面図をつくると土地の起伏がわかる。

- 地図記号で道路，鉄道，施設，土地利用などがあらわされる。

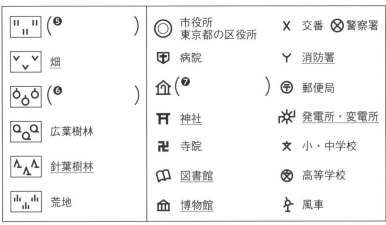

記号	意味	記号	意味
‖ ‖ (❺)		◎ 市役所 東京都の区役所	X 交番 ⊗ 警察署
∨ ∨ 畑		⊞ 病院	Y 消防署
○○○ (❻)		⌂ (❼)	⊕ 郵便局
○Q○ 広葉樹林		Ħ 神社	✻ 発電所・変電所
∧ ∧ 針葉樹林		卍 寺院	文 小・中学校
‖‖‖ 荒地		図 図書館	⊗ 高等学校
		血 博物館	风 風車

▷ 地理院地図などのデジタル地図…GIS（地理情報システム）。

▷ 新旧の地図を比べると，過去から現在への地域の変化がわかる。土地利用は地形図に着色するとわかりやすい。

2 調査テーマを決める／調査を進めよう／発表しよう 教 p.126〜p.137

▷ 調査テーマ…①自然環境，②人口や都市・村落，③産業，④交通・通信，⑤その他（歴史的背景，持続可能な社会づくりなど）

▷ 調査計画を進める…野外観察で聞き取り調査。傾向や特色を統計資料でとらえる。インターネットを活用。

- (❽   ) …自然災害の被害を予測。

- (❾   ) や折れ線グラフ…数量とその変化を見る。

- (❿   ) や帯グラフ…割合を示す。割合を比べる。

▷ 発表…レポートや壁新聞にまとめる。

テストに出る！
予想問題　**第1章 地域調査の手法**

⏱30分

／100点

1 身近な地域の調査について，次の問いに答えなさい。　4点×5〔20点〕

(1) 調査テーマについて，右の表に問いの形で書き出しました。①〜③にあてはまる，調査テーマの視点を次から選びなさい。

①（　　） ②（　　） ③（　　）

ア　自然環境　　イ　人口や都市・村落
ウ　産業　　　　エ　交通・通信

視点	テーマ
①	地域の水路によって水害の被害が出ないだろうか。
②	地域で盛んな製造業の歴史はどのようなものか。
③	伏見区の人口はどのように変化しているのか。

(2) 地域調査の中で，次の統計資料を見つけました。

①・②をわかりやすく表現するために，使うとよいグラフを右からそれぞれ選びなさい。

①（　　）
②（　　）

① 京都市の年間外国人宿泊者数の変化
② 京都市と伏見区の工業製品出荷額の内わけ

ア　　　　　　イ

2 右の地形図を見て，次の問いに答えなさい。　10点×8〔80点〕

2万5千分の1地形図「京都東南部」2016年

よく出る
(1) 右のような地形図を発行している国の機関を何といいますか。　　（　　　　　　　　）

(2) 「伏見駅」からXにある神社まで，地形図上で4cmの長さです。実際の距離は何kmですか。

（　　　　　　　　）

よく出る
(3) 「伏見」駅から見て「丹波橋」駅は，どの方位にありますか。16方位で書きなさい。

（　　　　　　　　）

(4) A〜Dの地図記号があらわしている建物・施設を何といいますか。　A（　　　　　　） B（　　　　　　）

C（　　　　　　） D（　　　　　　）

(5) 地形図からわかることとして正しいものを次から選びなさい。　　　　　　（　　）

ア　高低差が大きく，起伏に富んだ地形になっている。
イ　市街地のなかに寺が立ちならび，畑もみられる。
ウ　2つの鉄道と高速道路が通っており，川が東西に流れている。

ちょっとひといき　よく出る地図記号は，形と意味をしっかり覚えよう！

第2章 日本の地域的特色と地域区分①

❶環太平洋造山帯
太平洋の周囲を取りまく造山帯。

❷扇状地
土砂がたまってできる扇形の地形。

❸三角州
川が運んだ細かい土砂が河口部を埋め立ててできた土地。

❹砂浜海岸
砂におおわれた海岸。

❺リアス海岸
山地が海にせまり，奥行きのある岬と湾がくりかえす。

❻フォッサマグナ
日本アルプスの東側に南北に走るみぞ状の地形。

❼日本海流〔黒潮〕
日本列島の太平洋側を南から流れる海流。

❽季節風〔モンスーン〕
夏と冬でふく向きがかわる風。

❾梅雨
夏の初めに，前線が停滞して雨が続く。

❿内陸性の気候
冬と夏，昼と夜の気温差が大きく，降水量が比較的少ない気候。

テストに出る！ **ココが要点** 解答 p.9

1 地形からみた日本の地域的特色と地域区分 教 p.140〜p.141

▶ 日本列島は，変動帯の（**❶**　　　　）に属する。

● 国土の約4分の3が山地で，火山も多い。東日本は南北，西日本で東西に山地。中部地方には3000m級の**日本アルプス**。

▶ 日本の河川は短く急流。海沿いに小さな平野，内陸部に盆地。

● （**❷**　　　　）は山地から平野に出るところにできる。

● （**❸**　　　　）は河口にできる。

▶ 日本列島は海岸線が長く，さまざまな海岸地形がある。

● 砂地の（**❹**　　　　）**海岸**，岩場が海に面した**岩石海岸**。
　◇ 砂浜海岸は日本海沿岸に多い…**鳥取砂丘**などの**砂丘**。

● （**❺**　　　　）**海岸**…**三陸海岸**や志摩半島。

● **さんご礁**…緯度が低く温暖な南西諸島。観光地になる。

▶ 日本の地形・地質は（**❻**　　　　）を境に東西に分かれ，**中央構造線**を境に南北に分かれる。

● 火山の分布には地域による大きなかたよりがある。

▶ 東日本の太平洋沖に**日本海溝**，西日本の太平洋沖に**南海トラフ**。

● 日本列島に沿って浅く平らな**大陸棚**が広がる。

▶ 暖流…（**❼**　　　　）（**黒潮**）と対馬海流。寒流…**千島海流**（**親潮**）など。暖流と寒流がぶつかる潮目は好漁場。

2 気候からみた日本の地域的特色と地域区分 教 p.142〜p.143

▶ 日本は大部分が**温帯気候**。**四季の変化**がはっきりしている。

● （**❽**　　　　）（**モンスーン**）の影響を受ける。

▶ 夏の始まりに（**❾**　　　　），夏の終わりから秋に**台風**。

▶ 国土が南北に長く，季節風も影響。気候には地域差がある。

● 北海道…比較的冷涼な**冷帯（亜寒帯）気候**。

● 本州・四国・九州…温帯気候。太平洋側は冬に乾燥，夏は降水量が多い。日本海側は冬に多くの雪や雨が降る。
　◇ 中央高地周辺…（**❿**　　　　）の気候。
　◇ 瀬戸内海沿岸…瀬戸内の気候。降水量が少なく冬でも温和。

● **南西諸島**…亜熱帯ともいわれる。一部は**熱帯気候**に含まれ，1年を通じて温暖で降水量が多い。

ココが要点の答えになります。

テストに出る！
予想問題

第2章 日本の地域的特色と地域区分①

⏱30分

/100点

1 右の地図を見て，次の問いに答えなさい。　　　　　10点×5〔50点〕

(1) 日本を東西に分けている，みぞ状の**A**の地形を何といいますか。（　　　　　　　　）

(2) 3000m級の山々がそびえる，**B**の地域を何といいますか。（　　　　　　　　）

(3) **C**などでみられる，奥行(おくゆ)きのある岬(みさき)と湾(わん)がくり返す，入り組んだ海岸を何といいますか。
（　　　　　　　　　　　）

よく出る (4) 次の①・②のようにしてできた地形を，それぞれ何といいますか。

① 山地から運ばれてきた土砂(どしゃ)がたまってできた，扇形のゆるやかな斜面(しゃめん)の地形。
（　　　　　　　　）

② 川が海にそそぐ河口付近に，土砂がたまってできた三角形の地形。
（　　　　　　　　）

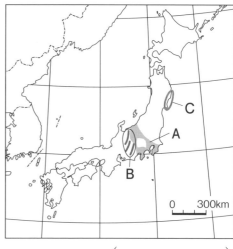

0　　　300km

2 右の地図を見て，次の問いに答えなさい。　　　　　10点×5〔50点〕

(1) 次の2つの都市の雨温図(うおんず)を，**A〜D**からそれぞれ選びなさい。

① 新潟(にいがた)　　（　　　　）

② 高知(こうち)　　（　　　　）

(2) 地図中の**X**について，この地域(ちいき)の気候の特徴を，次から選びなさい。（　　　　）

ア 冬は晴天が続き，夏は降水量(こうすいりょう)が多い。

イ 亜熱帯(あねったい)ともよばれ，温暖(おんだん)で降水量が多い。

ウ 気温が冷涼(れいりょう)で，はっきりした梅雨(つゆ)がない。

エ 冬と夏，昼と夜の温度差が大きく，降水量は比較的(ひかくてき)少ない。

(3) 夏から秋にかけて日本に接近・上陸して強風と大雨による災害をもたらす低気圧を何といいますか。（　　　　　　　　）

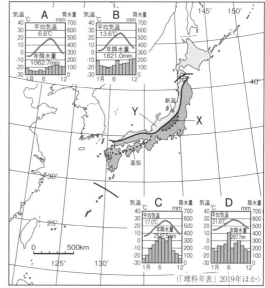

（「理科年表」2019年ほか）

記述(4) **Y**の地域で冬に降水量が多い理由を「季節風」の語句を使って簡単(かんたん)に書きなさい。
（　　　　　　　　　　　　　　　　　　　　　　　　　　　）

第2章 日本の地域的特色と地域区分②

満点★ミッション

❶**マグニチュード**
地震のエネルギーの大きさ。ゆれの大きさは震度。

❷**津波**
地震が海底で起こると発生することがある。

❸**阪神・淡路大震災**
1995年に発生。建物の倒壊，鉄道・道路の被害。

❹**東日本大震災**
2011年に発生。東北地方太平洋沖を震源とする地震と津波。原子力発電所で事故が起きた。

❺**土石流**
土砂が河川の水と混ざり，流れ下る現象。

❻**高潮**
海面（潮位）が上昇し，沿岸部の低地が浸水。

❼**ヒートアイランド現象**
都市の中心部の大気が，郊外よりも高温になること。

❽**やませ**
東北地方の太平洋岸に夏にふく冷たい風。

❾**減災**
災害の被害を少なくすること。

❿**共助**
たがいに助け合って地域を守ること。

テストに出る！ ココが要点　　解答 p.10

① 地震・火山災害からみた日本の地域的特色と地域区分　教 p.144～p.145

▷　環太平洋造山帯にある日本は，地震や火山の噴火の災害が多い。

- 地震…地震の規模（（❶　　　　　　　　））が大きいと建物の破壊のほかに，土砂くずれ，**液状化現象**などを引き起こす。
- 震源が海底の場合（❷　　　　　　　　）が発生することがある。
  ◇（❸　　　　　　　）**大震災**…兵庫県南部に大きな被害。
  ◇（❹　　　　　　　）**大震災**…東北地方で巨大**津波**の被害。
- 火山の噴火…火山灰，溶岩，高速の**火砕流**など。
  ◇**桜島**（鹿児島県）はひんぱんに噴火。雲仙岳（長崎県）の噴火で火砕流。2014年，**御嶽山**（長野県）の噴火で登山客に被害。

▷　各地に**断層**があり，全国どこでも地震災害の可能性がある。火山は東日本や伊豆諸島，中部地方，九州地方に多い。

② 気象災害からみた日本の地域的特色と地域区分　教 p.146～p.147

▷　国土が山がちで，人は海岸部の平野に集中…風水害の自然災害。

- 梅雨や台風による大雨…**洪水**，地すべり，がけくずれ，
  （❺　　　　　　　　　）などの風水害を引き起こす。
  ◇台風で（❻　　　　　　　）による浸水や強風による災害も。
- 人間の活動が被害を拡大する**人災**もある。
  ◇森林の伐採，斜面の開発→土砂くずれ。避難勧告の不足。
- 都市化で起こる（❼　　　　　　　　）**現象**やゲリラ**豪雨**。

▷　気象災害からみた地域区分

- 西日本は梅雨や台風による**風水害**が多い。少雨による**干害**も。
- 東北地方の太平洋側では（❽　　　　　　　）の影響で，農産物が不作になる**冷害**が発生する。
- 本州から北海道の日本海側は冬の大雪による**雪害**が多い。

③ 災害にそなえるために　教 p.148～p.149

▷　**防災**対策に加え，（❾　　　　　　　　）に取り組む必要がある。

- **ハザードマップ**の活用，ライフライン停止へのそなえ。
- 中学生には**自助**に加え，（❿　　　　　　　　）も期待される。

▷　災害発生のときは**公助**が行われ，**ボランティア**が協力する。

- **南海トラフ巨大地震**にそなえた取り組み。

テストに出る！

予想問題

第2章 日本の地域的特色と地域区分②

⏱30分

/100点

1 次の文を読んで，あとの問いに答えなさい。　　　　10点×6〔60点〕

> 日本は（　A　）造山帯に位置しているため，地震や_a火山の噴火が多い。海底で大地震が発生すると（　B　）が発生し，_b沿岸部に被害をもたらすことがある。各地に岩盤がずれたあとである（　C　）があるため，全国どこでも起こる。梅雨や台風による被害も多い反面，少雨による干害や，東北地方の太平洋側で夏に_c冷害が起こることもある。

(1) 文中のA～Cにあてはまる語句をそれぞれ書きなさい。

A（　　　　　　）　B（　　　　　　）　C（　　　　　　）

(2) 下線部 a について1990年に噴火を起こした雲仙岳をア～エから選びなさい。　　　　（　　）

(3) 下線部 b について，沿岸部が大きな被害を受けた東北地方太平洋沖地震（東日本大震災）の震源地を，X～Zから選びなさい。　　　（　　）

(4) 下線部 c について，冷害の原因となる，東北地方の太平洋側の沿岸部にふきつける冷たい風を何といいますか。　　　（　　　　　　）

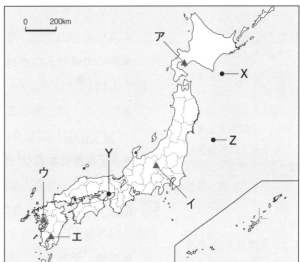

2 次の文を読んで，あとの問いに答えなさい。　　　　10点×4〔40点〕

> _a防災対策の技術と費用には限界があり，被害をできるだけ減らす減災の取り組みも必要である。これらの取り組みは_b公助・自助・共助に分けることができる。

(1) 下線部 a について，自然災害が発生したときに，どこでどのような被害になるかを予測した地図を何といいますか。　　　　　　（　　　　　　）

(2) 下線部 b について，公助・自助・共助にあたるものを次からすべて選びなさい。

公助（　　　　　）　自助（　　　　　）　共助（　　　　　）

ア　市区町村が被災者の避難所をつくる。　　イ　家族を安全な場所に避難させる。

ウ　避難のとき，近所の住民どうしで声をかけ合う。

エ　自衛隊が救助活動を行う。　　　　　　　オ　自分が住む地域の避難訓練に参加する。

ちょっとひといき　できなかった問題は自分ののびしろ！ テスト後に復習すればどんどんのびるよ。

第2章 日本の地域的特色と地域区分③

満点★ミッション

テストに出る！ **ココ**が**要点**　　解答 p.10

1 人口からみた日本の地域的特色と地域区分　教 p.152～p.153

▷ 日本は世界のなかでも人口が多く，<u>人口密度</u>の高い国。

● 未婚率，結婚・出産年齢が上がり（❶　　　　　　）が進む。

● 平均寿命は長く**高齢社会**になっている。<u>高齢化</u>は，農村部，山間部などでいちじるしいが，今後は都市部でも進む。

● 日本は世界のなかでも（❷　　　　　　　）が進んでいる。

▷ 日本の人口分布はかたよっており，平野部に多くなっている。

● 三大（❸　　　　　　）や，地方の政治・経済・文化の中心である（❹　　　　　　）**都市**に人口が集中し<u>過密化</u>が進行。

● 農村部や山間部，離島では（❺　　　　　　）が進む。

● 多くの県で人口が減少し，東京への一極集中が進む。

▷ 人口（❻　　　　　　）

● 出生率・死亡率が高い…「<u>富士山型</u>」になる。

● 少子高齢化が進む…「<u>つりがね型</u>」「<u>つぼ型</u>」になる。

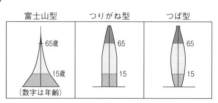

2 資源・エネルギーからみた日本の地域的特色と地域区分　教 p.154～p.155

▷ 日本は（❼　　　　　　）を外国からの輸入にたよる。

● 石油，天然ガス…<u>西アジア</u>の国々などから輸入する。

● 石炭，鉄鉱石…**オーストラリア**などから輸入する。

▷ 資源を安定して確保するため，（❽　　　　　　）棚や太平洋の深海底での開発を進める。

● 廃棄されたハイテク製品から**レアメタル**を<u>リサイクル</u>。

● 環境保全と経済発展の両立をめざし，消費しても枯渇しない（❾　　　　　　）**エネルギー**の開発が進む。

▷ 資源・エネルギーからみた日本の地域区分。

● 中部地方などの内陸部に**水力発電所**が多い。

● （❿　　　　　　）所は三大都市圏の沿岸部に多い。

● <u>原子力発電所</u>は大都市からはなれた沿岸部に立地。

● 電力会社の営業地域は7地方区分とほぼ一致する。

---

❶少子化
子どもの数・割合が減ること。

❷少子高齢化
子どもが減り，高齢者人口が多くなっていくこと。

❸三大都市圏
東京大都市圏，名古屋大都市圏，京阪神大都市圏。

❹地方中枢都市
札幌市，仙台市，広島市，福岡市など。

❺過疎化
地域の人口が減ること。産業や地域を支えるしくみが弱まる。

❻人口ピラミッド
人口を男女別，年齢別に示したグラフ。

❼鉱産資源
工業原料やエネルギー源となる地下資源。

❽大陸棚
大陸をとりまくゆるやかな傾斜のある海底。

❾再生可能エネルギー
水力，太陽光など枯渇しないエネルギー。

❿火力発電所
大都市圏の沿岸部に多く立地する。現在の日本のエネルギーの大半をまかなっている。

テストに出る！
予想問題　第2章 日本の地域的特色と地域区分③

⏲ 30分　/100点

1 次の問いに答えなさい。　　　　　　　　　　　　　　　　　　10点×3（30点）

(1) 東京，大阪，名古屋などを中心都市とした，過密化が進んでいる都市圏をまとめて何といいますか。　　　　　　　　　　　　　　　　　　　（　　　　　　　）

(2) (1)の都市圏などが，過密化でかかえている課題を次から選びなさい。　（　　　）

　　ア　土地の価格が上がる。　　　イ　働く場所が減る。
　　ウ　公共施設が減る。　　　　　エ　鉄道やバスが廃止される。

記述 (3) 右の資料は日本の人口ピラミッドを示しています。日本の人口の変化について，「富士山型」「つぼ型」の語句を使って簡単に書きなさい。

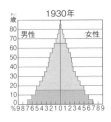 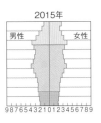 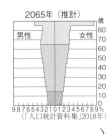

（「人口統計資料集」2018年）

（　　　　　　　　　　　　　　　　　　　　　　　　　　　　　）

2 右の資料を見て，次の問いに答えなさい。　　　10点×7，(4)は完答〔70点〕

よく出る (1) 右の地図は，主な鉱産資源の日本の輸入先を示しています。次の①・②にあてはまるものを，地図中のア〜ウからそれぞれ選びなさい。

　　①　石油　　　　　　　　　　（　　　）
　　②　鉄鉱石　　　　　　　　　（　　　）

(2) 次の①〜③にあてはまる発電所を▢からそれぞれ選びなさい。

　　①　中央高地の内陸部に多い発電所。　　　　　　　　　（　　　　　）
　　②　東日本大震災で事故が発生した発電所。　　　　　　（　　　　　）
　　③　石炭や石油を燃料とし，三大都市圏の沿岸部に多い発電所。（　　　　　）

（2017年）

（「貿易統計」2018年ほか）

風力発電所　　原子力発電所　　火力発電所　　水力発電所

(3) 太陽光発電のように，消費しても枯渇しないエネルギーを何といいますか。

（　　　　　　　　　　　　　）

(4) 持続可能な社会をめざすための取り組みをあらわす「3R」とは何の略ですか。3つすべて書きなさい。

（　　　　　　　）（　　　　　　　）（　　　　　　　）

第2章 日本の地域的特色と地域区分④

満点★ミッション

テストに出る！ **ココが要点** 解答 p.11

❶<u>第1次産業</u>
自然環境を利用する
農林水産業。

❷<u>稲作</u>
稲を栽培する農業。
北海道，東北地方，
新潟県などで盛ん。

❸<u>近郊農業</u>
農作物を大都市の周
辺で生産する農業。

❹<u>食料自給率</u>
その国の食料のうち，
その国で生産されて
いる物の割合。

❺<u>第2次産業</u>
鉱業・工業・建設業
など，工業原料や製
品をつくる産業。

❻<u>太平洋ベルト</u>
関東から九州北部に
かけて帯状に続く工
業地域。

❼<u>産業の空洞化</u>
海外に工場が移転し，
国内の産業がおとろ
えること。

❽<u>第3次産業</u>
流通やサービスにか
かわる産業。

❾<u>情報通信業</u>
マスメディアやICT
関連産業など。

❿<u>情報社会</u>
情報の生産・伝達を
中心に発展する社会
のこと。

1 産業からみた日本の地域的特色と地域区分 教 p.156～p.159

▶ (❶　　　　　　) 産業…農業，林業，漁業（農林水産業）。

● 日本の農業の中心は (❷　　　　　　)。

● 野菜栽培は，大都市圏周辺で盛んな (❸　　　　　　)，西
日本などの温暖な地域では <u>園芸農業</u>が盛ん。

● <u>畜産</u>…北海道で<u>酪農</u>など。九州南部で肉牛，豚，にわとりなど。

● 日本は食料を輸入にたより，(❹　　　　　　) が低い。

▶ 日本は，かつて世界一の漁業国→現在水あげ量は減少。

● 外国の<u>排他的経済水域</u>の設定，魚介類の取りすぎが原因。

● 現在は<u>養殖業</u>や<u>栽培漁業</u>に力を入れる。

▶ (❺　　　　　　) 産業…鉱業，工業，建設業など。

● (❻　　　　　　)…関東地方から九州北部にかけて<u>帯状</u>に
工業地域が続く。

　◇ <u>臨海部</u>…鉄鋼・化学など，<u>重化学工業</u>の大工場。

　◇ <u>内陸部</u>…自動車，電子部品などの組み立て型機械工業が盛ん。
　　<u>先端技術（ハイテク）</u>や<u>情報通信技術（ICT）</u>を使い生産。

● アジアに工場を移す→ (❼　　　　　　) 化。

▶ (❽　　　　　　) 産業…<u>商業</u>，サービス業など。

● <u>商業</u>の中心…商店街→コンビニエンスストアや郊外のショッピ
ングセンターへ。インターネットショッピングも<u>拡大</u>。

● 社会の<u>情報化</u>で (❾　　　　　　) 業や，医療・福祉業，金
融・保険業などが成長した。

▶ 第2次産業と第3次産業が大きく発達したのは<u>太平洋ベルト</u>地
域。それ以外の地域は第1次産業と観光業が成長した。

2 交通・通信からみた日本の地域的特色と地域区分 教 p.160～p.161

▶ 国境をこえた人や物資の移動が，現代の社会や生活を支える。

● <u>海上輸送</u>は大量の物資を一度に，<u>航空輸送</u>は軽くて高価なもの
を運ぶ。交通網の整備と高速化が進む。

　◇ 交通網の近くに工場や物流倉庫。過疎地域との格差も。

▶ <u>情報通信技術（ICT）</u>の進歩→ (❿　　　　　　) になった。

● <u>SNS</u>（ソーシャルネットワーキングサービス），医師の<u>遠隔診断</u>。

テストに出る！
予想問題

第2章 日本の地域的特色と地域区分④

⏱ 30分

/100点

1 右の地図を見て，次の問いに答えなさい。 10点×6〔60点〕

(1) 地図中の ▨▨▨ の地域で特に生産が盛んな農作物は
何ですか。 (　　　　　　　　)

よく出る (2) 地図中のＸは工業地域が帯状につらなる地域です。
この地域を何といいますか。 (　　　　　　　　)

(3) 地図中Ａ・Ｂにあてはまる工業地帯・工業地域名
をそれぞれ何といいますか。

Ａ (　　　　　　　　)

Ｂ (　　　　　　　　)

📝記述 (4) 国内の工業がおとろえる「産業の空洞化」が問題
になっています。この問題が起こった理由を簡単に書きなさい。

(　　　　　　　　　　　　　　　　　　　　　)

(5) 現在の日本で最も多くの人が従事している産業を次から選びなさい。 (　　)

ア　第1次産業　　イ　第2次産業　　ウ　第3次産業

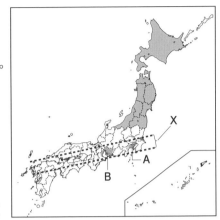

2 次の文を読んで，あとの問いに答えなさい。 8点×5〔40点〕

> 現代の生活は人や物資の移動に支えられている。物資の輸送では，大量の貨物を一度
> に運ぶ（　Ａ　）や，軽くて高価なものを運ぶ（　Ｂ　）により貿易が行われている。国内では，
> （　Ａ　）や（　Ｂ　）に加え，多くの農産物や工業製品を（　Ｃ　）で輸送している。国内の人の
> 移動には，（　Ｃ　）のほか，遠距離で（　Ｂ　），近距離・中距離で（　Ｄ　）がよく使われる。

よく出る (1) Ａ〜Ｄには右のグラフ中のいずれかの輸送手段
があてはまります。あてはまる輸送手段をそれぞ
れ選びなさい。

Ａ (　　　　　　) Ｂ (　　　　　　)

Ｃ (　　　　　　) Ｄ (　　　　　　)

日本国内の人の移動, 物資の輸送の内わけ

(2) 交通網・通信網の整備について，正しい文を次
から選びなさい。 (　　)

ア　日本全国で同じように通信網が整備された。

イ　以前に比べて不便になる地域もある。

ウ　すべての地域で移動にかかる時間が短くなった。

第3章 日本の諸地域　1 九州地方

満点★ミッション

❶**カルデラ**
火山の大規模な噴火などによってできた巨大なくぼ地。

❷**地方中枢都市**
その地方の政治・経済・文化などの中心となっている都市。

❸**シラス台地**
水を通しやすく，浸食されやすい。

❹**太陽光発電**
太陽光をエネルギー源とする発電方法。

❺**二毛作**
同じ耕地で1年のあいだに2回ちがう農産物を栽培すること。

❻**促成栽培**
農産物の収穫を早める栽培方法。

❼**琉球王国**
現在の沖縄にあった王制の国。

❽**北九州工業地帯**
日本の四大工業地帯の1つ。

❾**公害**
生活や企業の活動により生じる，大気や川の汚染，騒音など。

❿**持続可能な社会**
環境を保全しながら発展する「持続可能な開発」をめざす社会。

テストに出る！ **ココが要点**　解答 p.11

1 九州地方の自然環境と人々のかかわり　教 p.166～p.167

▷　九州地方…九州と**南西諸島**などの島々。**離島**も多い。

- ●火山…（ ❶　　　　　　　　 ）をもつ**阿蘇山**，**桜島**など。
- ●**九州山地**，**筑紫平野**が広がる。
- ●南西諸島…**屋久島**など山がちな島や**さんご礁**でできた島。
- ●人口…（ ❷　　　　　　　　 ）都市の**福岡市**に集中。
- ●気候…南西諸島は**亜熱帯性**の気候。**屋久島**は**世界自然遺産**。

2 自然環境に影響を受ける人々の生活　教 p.168～p.169

▷　**桜島**…噴火で**火山灰**を降らせる。九州南部に火山の噴出物がつみ重なってできた（ ❸　　　　　　　 ）が広がる。

▷　各地に**温泉**がある。温泉水や地熱を生かした**地熱発電**が盛ん。

▷　長い日照時間…（ ❹　　　　　　　 ）発電が盛ん。

3 自然環境の特色を生かした農林水産業　教 p.170～p.171

▷　九州北部…**稲作**が盛ん。筑紫平野で水田の**裏作**として冬に小麦や大麦などを栽培する（ ❺　　　　　　　 ）が盛ん。

▷　九州南部…**畜産業**が盛ん。宮崎平野で野菜の**園芸農業**やビニールハウスを使った（ ❻　　　　　　　 ）が盛ん。

4 自然環境の特色を生かした南西諸島の観光業　教 p.172～p.173

▷　南西諸島…温暖な気候やさんご礁などを**観光**に生かす。

▷　沖縄…（ ❼　　　　　　　 ）時代の史跡が観光資源に。

▷　**リゾート施設**の開発による環境破壊→エコツーリズムが広がる。

- ●**ラムサール条約**に登録された漫湖の干潟の保全など。

5 工業の変化と自然環境の保全　教 p.174～p.175

▷　（ ❽　　　　　　　 ）地帯…八幡製鉄所を中心に**重化学工業**が盛んに。工業の発展で（ ❾　　　　　　　 ）の発生→環境改善。

▷　北九州市…**エコタウン**事業など，（ ❿　　　　　　　 ）な社会の実現のための取り組み。

テストに出る！
予想問題

第3章 日本の諸地域
1 九州地方

⏱30分

/100点

1 右の資料を見て，次の問いに答えなさい。

10点×5〔50点〕

(1) Aの山地を何といいますか。（　　　　　　）

よく出る (2) 九州地方は火山が多いことで知られています。

① Bの火山の周囲に形成されたくぼ地の地形は，世界最大級の大きさをもっています。この地形を何といいますか。
（　　　　　　）

② 火山は災害となって大きな被害(ひがい)をもたらしますが，そのめぐみが生かされることもあります。そのめぐみについて，例を1つ挙げなさい。（　　　　　　）

(3) Cの屋久島(やくしま)は，その自然環境(かんきょう)から何に登録されていますか。
（　　　　　　）

(4) Dの沖縄(おきなわ)県の観光資源(しげん)の例を1つあげなさい。（　　　　　　）

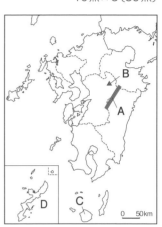

0　50km

2 右の地図を見て，次の問いに答えなさい。

10点×5〔50点〕

(1) Aの工業地帯について，次の文のX・Yにあてはまる語句を□から選びなさい。

X（　　　　　　）　Y（　　　　　　）

> 北九州工業地帯(きたきゅうしゅうこうぎょうちたい)は，明治時代以来，近くの筑豊炭田(ちくほう)や中国から輸入した原料をもとに，（ X ）が盛(さか)んになったが，1960年代以降，その地位が低下した。近年では，九州各地の高速道路沿(そ)いに（ Y ）の工場が進出している。

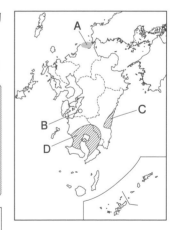

| 機械工業 | 化学工業 | せんい工業 | 鉄鋼業(てっこう) |

(2) Bの水俣(みなまた)市は，環境モデル都市として注目されていますが，この市が被害を受けた公害を書きなさい。（　　　　　　）

記述 (3) Cの地域では野菜の促成栽培(そくせいさいばい)が行われています。促成栽培とはどのような栽培方法ですか。気候と栽培に利用する施設名(しせつ)にふれ，簡単(かんたん)に書きなさい。
（　　　　　　）

よく出る (4) Dの地域は稲作(いなさく)に向かないため，かんがい施設を整備し，野菜や茶を栽培しています。この地域に広がる火山の噴出物がつもった地形を何といいますか。（　　　　　　）

第3章 日本の諸地域　2　中国・四国地方

満点★ミッション

テストに出る！ ココが要点　解答 p.12

1 中国・四国地方の自然環境と人々のかかわり　教 p.180〜p.181

▶ 中国・四国地方…（**❶**　　　　　　　）をはさんで山地や平野が東西につらなる。**山陰・瀬戸内・南四国**の3つの地域。

- （**❷**　　　　　　　）…**季節風**の影響で冬の降水量が多い。
- 瀬戸内…降水量が少なく，**温暖**。
- （**❸**　　　　　　　）…日本海流の影響で1年じゅう温暖。

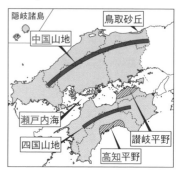

2 人口分布のかたよりと人々の生活　教 p.182〜p.183

▶ **過密地域**…瀬戸内に人口が集中。瀬戸内には**広島市**と**岡山市**の2つの（**❹**　　　　　　　）がある。広島市は**地方中枢都市**。

- （**❺**　　　　　　　）…臨海部で重化学工業が盛ん。**倉敷市水島**，**周南市徳島**などの（**❻**　　　　　　　）では，関連する工場がパイプラインで結ばれ，効率のよい生産が行われる。

▶ **過疎地域**…山間部や島々で（**❼**　　　　　　　）が進む。
- **少子高齢化**や産業の衰退，廃村の増加などの問題。

3 都市部や農村部を結ぶ交通網　教 p.184〜p.185

▶ **山陽新幹線**，**中国自動車道**，**山陽自動車道**が整備される。

▶ （**❽**　　　　　　　）の建設で，本州と四国地方のあいだに3つのルートが開通。

▶ 交通網の整備による課題…**人口の流出**や地元の商業の衰退。

4 地域に根ざした農業と作り手の人々　教 p.186〜p.187

▶ 農業…瀬戸内でみかんなどの果物の栽培，南四国で園芸農業やピーマンなどの**促成栽培**，山陰でなしなどの栽培が盛ん。

▶ **地域活性化**…生産者が加工や販売も手がける**6次産業化**が進む。地域ブランドづくりは（**❾**　　　　　　　）・**むらおこし**に貢献。

5 豊かな魅力を生かした地域活性化　教 p.188〜p.189

▶ 地域活性化…**グリーンツーリズム**や**エコツーリズム**，山村留学，棚田オーナー制度などの取り組みを進める。都市部から出身地にもどる（**❿**　　　　　　　）や都市部からの**Iターン**が増加。

---

❶**瀬戸内海**
本州の西部と四国地方のあいだにある海域。小豆島など，多くの島がある。

❷**山陰**
中国山地の日本海側の地域。

❸**南四国**
四国山地の南側の地域。

❹**政令指定都市**
政令で指定された都市。県に準じた行政を行うことができる。

❺**瀬戸内工業地域**
瀬戸内の臨海部を中心に広がる工業地域。

❻**石油化学コンビナート**
石油などを原料とする製品をつくる関連工場が集まっている。

❼**過疎化**
人口の減少が進んでいる状態。

❽**本州四国連絡橋**
児島−坂出ルート，神戸−鳴門ルート，尾道−今治ルート。

❾**まちおこし**
地域の文化・経済を活性化させる。

❿**Uターン**
進学などで出身地をはなれたあと，出身地にもどって生活する。

ココが要点の答えになります。

テストに出る！
予想問題

第3章 日本の諸地域
2 中国・四国地方

⏱30分　/100点

1 右の地図を見て，次の問いに答えなさい。　10点×5〔50点〕

(1) 次の a〜c の雨温図はそれぞれ地図中の a〜c の都市のものです。これについて，次の文の **X・Y** にあてはまる語句を書きなさい。

X (　　　　　　)

Y (　　　　　　)

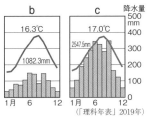
（「理科年表」2019年）

　　bの都市はaやcに比べて1年を通じて（ **X** ）が少ない。これは，冬と夏の季節風が，それぞれ（ **Y** ）山地と四国山地にさえぎられるためで，干害が起こることも多い。

(2) aがある地域を，bの瀬戸内，cの南四国に対して何といいますか。（　　　　　　）

(3) cの周辺は，冬でも温暖で，ビニールハウスを利用した農業が行われています。

📝記述 ① この地域が冬でも温暖な理由を，海流の名前を用いて簡単に書きなさい。
（　　　　　　　　　　　　　　　　　　　　　　　　　　　）

よく出る ② 野菜の成長を早めて出荷するこの農業を何といいますか。（　　　　　　）

2 右の地図を見て，次の問いに答えなさい。　10点×5〔50点〕

(1) 原子爆弾による大きな被害から復興し，地方中枢都市となったのはア〜エのどれですか。（　　）

(2) Aの倉敷市の水島地区などにある石油化学工業の大規模な施設を何といいますか。（　　　　　　）

よく出る (3) 地図中のBで示した3つのルートをまとめて何といいますか。（　　　　　　）

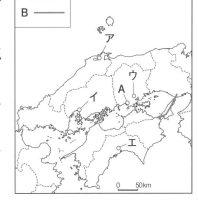

📝記述 (4) (3)は中国・四国地方の過疎地域の活性化にどのような効果があると思いますか。簡単に書きなさい。
（　　　　　　　　　　　　　　　　　　　　　　　　　　　）

(5) (3)のルートで高速交通網が整備された結果，かえって不便になったり，さらに過疎化が進むきっかけが生まれたりしています。その理由としてあやまっているものを選びなさい。

ア　旅客船やフェリーが廃止されたから。　イ　人口の流出が加速したから。（　　）

ウ　地元で買い物をする人が減ったから。　エ　第三セクターで鉄道を維持したから。

第3章 日本の諸地域　3　近畿地方

満点★ミッション

テストに出る！ **ココが要点**　解答 p.12

❶琵琶湖
滋賀県にある，日本最大の湖。

❷紀伊山地
近畿地方の南部の紀伊半島にあるけわしい山地。

❸リアス海岸
山地が海に沈んで谷の部分に海水が入り込んでできた海岸。複雑な海岸線になる。

❹京阪神大都市圏
京都市・大阪市・神戸市を中心に広がる。

❺林業
木材を生産する産業。紀伊山地では杉やひのきを植林し，間伐をくり返す林業が盛ん。

❻世界文化遺産
古都京都の文化財や古都奈良の文化財，百舌鳥・古市古墳群などが登録されている。

❼平安京
794年に現在の京都におかれた都。

❽伝統文化
長い歴史のなかで形成され受けつがれてきた文化。

❾近郊農業
都市の近郊で行われる農業。

①　近畿地方の自然環境と人々のかかわり　教 p.194～p.195

▷　近畿地方の地形

● 中部…**大阪平野**が広がる。大阪湾にそそぐ**淀川**の上流に，（**❶**　　　　　）湖。

● 北部・南部…北部になだらかな**丹波高地**など。南部にけわしい（**❷**　　　　　）。**若狭湾**には（**❸**　　　　　）。

▷　近畿地方の気候

● 中部…降水量が少なく，内陸部は夏の暑さと冬の冷えこみがきびしい。

● 北部…日本海側からふく季節風の影響で冬に雨や雪が多い。

● 南部…温暖。季節風や台風の影響で降水量が多い。

▷　自然環境と人々の生活

● 中部…平野や盆地が多く，早くから農業が営まれる。都市が計画的につくられ，日本の政治・経済の中心地として発展。
◇（**❹**　　　　　）**大都市圏**…日本で2番目に人口が集中。

● 北部・南部…農業や林業，漁業など。**紀伊山地**は温暖で雨にめぐまれ，果物の栽培や（**❺**　　　　　）が盛ん。

②　現在にいきづく歴史的都市の特色　教 p.196～p.197

▷　豊かな歴史…近畿地方は古くから日本の中心地として発展。

● 奈良の**平城京**や京都の**平安京**など，各地に「都」がおかれる。

● 貴重な**文化財**が集中。京都や奈良には古くから続く寺院や神社が多く，一部は世界（**❻**　　　　　）に登録される。

▷　京都…（**❼**　　　　　）京から発展。

● （**❽**　　　　　）**文化**…茶道や華道などが長い歴史のなかではぐくまれる。日本料理（和食）や和菓子などの伝統が守られる。和食は**ユネスコ無形文化遺産**。

● 周辺で（**❾**　　　　　）**農業**が盛ん。**京野菜**が守られる。

▷　奈良…**平城京**の時代から続く**東大寺**などの寺院や神社がある。

③ **港町から世界へ** 教 p.198〜p.199

▶ 日本の窓口としての大阪湾/大阪の発展

● **大阪**…江戸時代に商業の中心地となり「(⑩ _____)」
とよばれる。明治時代以降は商業・工業都市として発展。

● 現在の大阪市…経済の面で，日本で2番目の大都市。
 ◇東京への人口や経済の一極集中で経済的地位の低下→都心部
 の(⑪ _____)で都市の活性化をはかる。

▶ 世界への窓口となった神戸

● (⑫ _____)**市**…江戸時代の末に国際貿易港として開
港。日本有数の貿易都市として成長。
 ◇外国の影響を受けた文化…ヨーロッパ風の住宅が集まってい
 るところや中華街がある。**但馬牛**(神戸牛)の飼育が盛んに。
 ◇丘陵部に(⑬ _____)を建設し土砂で**ポートアイラ**
 ンドや**六甲アイランド**などの(⑭ _____)を造成。
 ◇1995年に(⑮ _____)で被害を受ける。

④ **伝統を生かした産業と世界進出** 教 p.200〜p.201

▶ (⑯ _____)…明治時代以降，**軽工業**，**重化学工業**が
盛んになり発展。

● 現在は液晶パネルや太陽電池などの(⑰ _____)**産業**
が盛ん。賃金の安い，アジアの工業との競争が課題に。

● 研究施設の誘致や**医療産業**の発展により，工業の再生をめざす。

▶ 世界をめざす企業と伝統産業の取り組み

● **中小企業**…ゆるまないねじなどを開発し，世界各国に輸出。

● **伝統産業**…伝統的工芸品に新しい技術やデザインを取り入れる。

▶ 都市の発展を支えた林業…紀伊山地の吉野地方や尾鷲で盛ん。

⑤ **歴史を生かした観光業の推進** 教 p.202〜p.203

▶ 世界中から来る観光客のおもてなし

● 全国各地や世界中から(⑱ _____)がおとずれる。

● 外国人観光客誘致の取り組み…周遊ガイドの育成などを進める。

▶ 歴史的な街なみの保存…京都や奈良で，**町家**の外観は変えずに
内装をくふうするなど，歴史的な街なみを維持する取り組み。

● 京都市の(⑲ _____)**政策**…建物の高さ，デザイン，
屋外広告などを規制しながら，都市の発展に配慮する。

● 奈良市の「ならまち」地区…奈良市が町家の修理費を補助。

満点★ミッション

⑩ **天下の台所**
大阪が江戸時代に日
本の物流や商業の中
心地であったことか
らこうよばれた。

⑪ **再開発**
都市機能の低下がみ
られる地区を計画的
につくり直すこと。

⑫ **神戸市**
兵庫県の県庁所在地
で，政令指定都市。

⑬ **ニュータウン**
郊外に新しく開発さ
れた住宅地。

⑭ **埋立地**
川や海に土砂などを
盛ることで人工的に
つくられた陸地。

⑮ **阪神・淡路大震災**
1995年1月17日に発
生した兵庫県南部地
震によって発生した
災害。

⑯ **阪神工業地帯**
大阪府と兵庫県の臨
海部に広がっている。

⑰ **先端技術〔ハイテ
ク〕産業**
最先端の高度な技術
を必要とする産業。

⑱ **観光客**
観光のために旅行す
る人。

⑲ **景観政策**
京都で，景観を守り，
未来に引きつぐため
に実施されている。

テストに出る！
予想問題

第3章 日本の諸地域
3 近畿地方

🕐 30分

/100点

1 右の地図を見て，次の問いに答えなさい。　　　　　　　4点×5〔20点〕

(1) AとBの海岸にみられる海岸地形を何といいますか。

（　　　　　　　　　）

よく出る (2) 日本最大のCの湖を何といいますか。

（　　　　　　　　　）

(3) (2)から流れ出て大阪湾に流れ出るDの川を何といいますか。

（　　　　　　　　　）

よく出る (4) Eのけわしい山地を何といいますか。

（　　　　　　　　　）

(5) 上の雨温図が示している都市を，地図中のア〜ウから選びなさい。

（　　　　　）

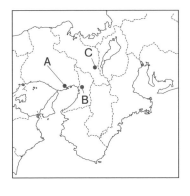

2 右の地図を見て，次の問いに答えなさい。　　　　　　　6点×6〔36点〕

(1) 地図中のA〜Cの都市は，それぞれの府県の県庁所在地にあたります。次の問いに答えなさい。

① これらの都市のうち，名前が府県名と異なる都市を書きなさい。

（　　　　　　　　　）市

② これらの都市を中心として広がる大都市圏を何といいますか。

（　　　　　　　　　）

(2) 次の文がA〜Cのどの都市について述べたものかそれぞれ選び，（　　）にあてはまる語句を書きなさい。　　①（　　，　　　　　）　②（　　，　　　　　）
③（　　，　　　　　）

① 大阪湾と六甲山地にはさまれ，平地が少ないので，丘陵部を開発したときに出た土砂で（　　）をつくり，都市を広げた。

② 江戸時代に商業の中心となり「（　　）」とよばれた。

③ 都の周辺では野菜をつくる（　　）が発達し，伝統的な品種が守り伝えられた。

(3) 1995年に発生し，AやBの都市に大きな被害をもたらした震災を何といいますか。

（　　　　　　　　　）

　　ちょっとひといき　問題集で考えてもわからないときは答えを見て，考え方を身につけよう！

3 右の地図を見て，次の問いに答えなさい。 4点×6〔24点〕

(1) Xは工業が盛んな地域です。次の問いに答えなさい。

① この工業地帯を何といいますか。

（　　　　　　　　）

② この工業地帯で，現在最も出荷額の大きい工業の種類を，次から選びなさい。（　　）

ア　機械工業　　イ　化学工業
ウ　金属工業　　エ　食料品工業

(2) Aの都市でつくられている伝統的工芸品を，次から選びなさい。（　　）

ア　西陣織　　イ　輪島塗　　ウ　奈良筆　　エ　赤膚焼

(3) Bの山地周辺では古くから林業が盛んです。この地域で多く生産されている木材の種類を2つ書きなさい。

（　　　　　　　　）
（　　　　　　　　）

/記述 (4) (3)の生産について，Bの地域の林業が近年かかえている課題を，「輸入木材」の語句を使って簡単に書きなさい。

（　　　　　　　　　　　　　　　　　　　　　　　　　　　　　　　　）

4 次の文を読んで，あとの問いに答えなさい。 5点×4〔20点〕

> 　貴重な a 文化財が多い近畿地方には，全国各地のみならず世界中から多くの観光客が訪れる。（　　）とよばれる伝統的な住宅がつくる街なみは，歴史と文化を感じさせる雰囲気があるが，近年このような（　　）は建てかえられることも多く， b 街なみが変化してきている。

(1) 下線部 a について，近畿地方の重要文化財は全国の文化財のうちの約何％にあたりますか。四捨五入して整数で書きなさい。　　（　　　　　　　）

(2) 文中の（　　）に共通してあてはまる語句を書きなさい。　　（　　　　　　　）

(3) 下線部 b の課題への対策として，京都市などでは建物の何を制限していますか。2つ書きなさい。

（　　　　　　　）（　　　　　　　）

地方別の重要文化財の数

注）国宝を含む重要文化財の数
合計1万4333件（2019年）

北海道地方	東北地方	関東地方	中部地方	近畿地方	中国・四国地方	九州地方
59	466	3933	1443	6681	1152	599

（「文化財指定等の件数」2019年）

第3章 日本の諸地域　4　中部地方

テストに出る！ **ココが要点** 解答 p.13

❶日本アルプス
飛驒山脈・木曽山脈・赤石山脈の総称。

❷赤石山脈
長野県，山梨県，静岡県にまたがる山脈。南アルプスともよばれる。

❸信濃川
新潟県や長野県を流れる。長野県では千曲川とよばれる。

❹北陸
中部地方の日本海側の地域。

❺政令指定都市
人口50万以上で，政令によって指定された市。

❻名古屋大都市圏
名古屋市を中心都市として広がる大都市圏。

❼雪害
大雪による災害。

❽中京工業地帯
日本最大の工業地域。

❾自動車工業
豊田市を中心に盛ん。

❿東海工業地域
静岡県の臨海部に広がる工業地域。

---

1 中部地方の自然環境と人々のかかわり 教 p.208〜p.209

▶ 中部地方…**東海・中央高地・北陸**の3つの地域に分けられる。

● **中央高地**…（❶　　　　　　　）とよばれる**飛驒山脈，木曽山脈**，（❷　　　　　　　　）などの山々や，**富士山**などの火山がある。

◇ 山地のあいだに**甲府盆地**，松本盆地などが点在。

◇ 木曽川が東海に，（❸　　　　　　　　）（千曲川）や神通川が北陸に流れる。

● **東海**…木曽川・長良川・揖斐川の流れで**濃尾平野**がつくられる。

● （❹　　　　　　　　）…**越後平野，富山平野**が広がる。

● 人口…東海や北陸の沿岸部に集中。東海に（❺　　　　　　　　）の**名古屋市，浜松市，静岡市**などの都市がある。

◇ （❻　　　　　　　　）…日本で3番目に人口が集中。

▶ 気候の特色

● **東海**…暖流の**日本海流（黒潮）**の影響で，1年を通じて温暖。

● **中央高地**…内陸部にあり，標高が高いため，夏は涼しく，冬は寒さがきびしい。

● **北陸**…**豪雪地帯**。大雪で（❼　　　　　　　）が発生。

2 日本を支える工業の中心地，東海 教 p.210〜p.211

▶ 東海地方の工業

● （❽　　　　　　　　）…愛知県〜三重県北部に広がる。

（❾　　　　　　　　）**工業**を中心とする輸送機械の生産が盛ん。

◇ **豊田市**の企業が繊維工業の技術を生かし，自動車メーカーに。

◇ **自動車工業**…自動車組み立て工場の周辺に多くの関連工場が集中→さまざまな工場や多くの雇用を周辺にもたらす。

◇ 臨海部で**鉄鋼業**（名古屋市・東海市）や**化学工業**（四日市市）などの**重化学工業**，瀬戸市・常滑市・多治見市などで**窯業**。

● （❿　　　　　　　　）…静岡県に広がる。**浜松市**と周辺で輸送機械（自動車・二輪車）と楽器の生産，**富士市**で製紙業など。

3 交通網の整備による中央高地の産業の変化　教 p.212〜p.213

▶ 中央高地の農業

● 八ヶ岳や浅間山の周辺，菅平などで，**レタス**，**キャベツ**，はくさいなどの（⓫　　　　　　　）の栽培が盛ん。

◇ 温暖な地域の野菜が品薄になる夏に収穫して出荷。

● 盆地の周辺部の（⓬　　　　　　　）で果物の栽培が盛ん。長野盆地でりんご，（⓭　　　　　　　）**盆地**で**ぶどう**・**もも**など。

▶ 工業の変化

● 戦後，諏訪湖周辺で**精密機械工業**が発展→松本盆地や伊那盆地の高速道路沿いに電子部品や自動車部品を生産する工業が進出。

▶ **リゾート地**としての発展…山岳地域の地形や気候を生かす。

● 避暑地の高原，冬のスキー場，温泉，観光農園などが人気。

4 自然環境からみた北陸の農業や工業　教 p.214〜p.215

▶ 北陸の農業…<u>稲作</u>が盛ん。

● 品質の高い**コシヒカリ**は新潟県産の（⓮　　　　　　　）米。

● 冬の農業が難しいため，（⓯　　　　　　　）の農業が中心。

▶ （⓰　　　　　　　）産業・<u>地場産業</u>…冬のあいだの農家の副業や江戸時代の藩の特産品から発展。

● （⓱　　　　　　　）…金属・化学などの工業が発展。

▶ 電力の供給…豊富な雪どけ水を活用し，黒部ダムなどで**水力発電**が行われる。新潟県や若狭湾の沿岸部に多くの**原子力発電所**。

5 消費地と結びつく農業・漁業の戦略　教 p.216〜p.217

▶ 静岡県の<u>茶</u>の生産…**牧ノ原**や磐田原などの台地で盛ん。

● 霜が茶葉につかないよう，茶畑に防霜ファンを立てる。

● 需要のある緑茶飲料や抹茶の出荷，海外への輸出に力を入れる。

▶ 温暖な気候と交通網を生かした農業…愛知県東部から静岡県にかけての台地や半島部で（⓲　　　　　　　）が発展。

● 渥美半島…キャベツ，メロン，菊などの栽培が盛ん。夜間に菊に照明を当て（**電照菊**），成長を遅らせる<u>抑制栽培</u>がみられる。

● 豊川用水など，（⓳　　　　　　　）のための用水をつくる。

▶ <u>焼津港</u>…まぐろやかつおなどの（⓴　　　　　　　）**漁業**の代表的な漁港。

● 高速道路に近く，大消費地に出荷しやすい→漁港の近くに魚市場や冷凍倉庫，水産加工工場などが集まる。

満点★ミッション

⓫ **高原野菜**
冷涼な気候を生かして生産される，レタスなどの野菜。

⓬ **扇状地**
河川が上流から運んできた土砂が山地から平地に流れ出るところにたまってできる，扇形の地形。

⓭ **甲府盆地**
山梨県にある盆地。

⓮ **銘柄米**
コシヒカリ，あきたこまちなど。

⓯ **水田単作**
稲作だけを行う。

⓰ **伝統産業**
輪島市の輪島塗など。

⓱ **北陸工業地域**
新潟県，富山県，石川県，福井県に広がる工業地域。

⓲ **園芸農業**
野菜，果物，花，庭木などを，都市部などの大消費地向けに生産する。

⓳ **かんがい**
農産物の栽培のために人工的に水をあたえること。

⓴ **遠洋漁業**
遠くの漁業地を漁場とする。

テストに出る！
予想問題

第3章 日本の諸地域
4　中部地方

⏱30分

/100点

1 右の地図を見て，次の問いに答えなさい。　　　　　　6点×6〔36点〕

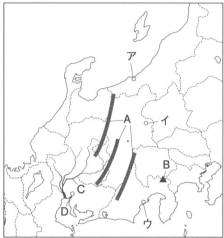

(1) 右の雨温図が示している都市を，地図中の**ア～ウ**から選びなさい。　（　　　）

(2) Aの三つの山脈をまとめて何といいますか。（　　　　　　　　）

(3) Bの火山を何といいますか。　（　　　　　　　　　）

(4) Cの川の下流について，次の問いに答えなさい。
　① この地域に広がる平野を何といいますか。　（　　　　　　　　）
　② ①の西部で，洪水の被害を防ぐために堤防で村と水田を囲んだ地域を何といいますか。　（　　　　　　　　）

(5) Dの都市を中心とした日本で3番目に人口が集中している地域を何といいますか。　（　　　　　　　）

2 次の問いに答えなさい。　　　　　　4点×6〔24点〕

(1) 地図中の①～③の都市で盛んな工業・産業を，次からそれぞれ選びなさい。
　　①（　　　）②（　　　）③（　　　）

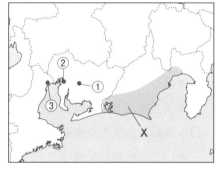

　ア　自動車工業
　イ　鉄鋼業
　ウ　繊維工業
　エ　石油化学工業

(2) 右の地図中のXに広がる工業地域を何といいますか。　（　　　　　　　　）工業地域

(3) (2)に含まれる都市と盛んな工業の正しい組み合わせを，次から選びなさい。　（　　　）

　ア　浜松市－繊維工業　　イ　富士市－製紙業　　ウ　瀬戸市－窯業

📝記述(4) 東海で工業が発展した理由を，「輸送」「輸出」の語句を使って簡単に書きなさい。
　（　　　　　　　　　　　　　　　　　　　　　　　　　）

3 次の文を読んで，あとの問いに答えなさい。　4点×4〔16点〕

> 中央高地では，レタスなどの高原野菜が栽培されている。諏訪湖周辺では，第二次世界大戦後，時計やカメラなどの（　A　）が発展し，近年は松本盆地などに電子部品の工場も進出した。リゾート地として観光業も発展しており，例えば水はけのよい（　B　）で果物の栽培が盛んな甲府盆地では，（　C　）狩りの観光農園などが人気である。

(1)　A・Bにあてはまる語句をそれぞれ書きなさい。

A（　　　　　　　）

B（　　　　　　　）

(2)　Cにあてはまる果物を，次から選びなさい。

（　　　）

ア　ぶどう　　イ　みかん　　ウ　なし

(3)　下線部について，右のグラフのうち，中央高地の県にあてはまるものをア〜ウから選びなさい。　（　　　）

東京中央卸売市場でのレタスの県別入荷量

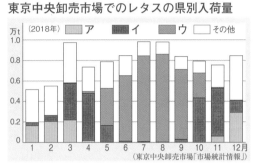

（東京中央卸売市場「市場統計情報」）

4 次の問いに答えなさい。　4点×3〔12点〕

(1)　右のグラフ中のア〜エは，米，畜産，野菜，果物のいずれかを示しています。米にあたるものを選びなさい。　（　　　）

(2)　北陸の伝統産業・地場産業の都市と製品の組み合わせとしてあやまっているものを選びなさい。（　　　）

ア　燕・三条－金属食器　　イ　輪島－漆器
ウ　金沢－金箔　　　　　　エ　鯖江－銅器

部門別の農業生産額

全国合計9兆3787億円	ア 18.6%	イ 35.4	ウ 26.1	エ 9.0	その他 10.9

北陸合計4171億円	ア 58.9%	イ 18.0	ウ 14.4	エ 3.5 / その他 5.2

（2017年）　（「生産農業所得統計」2017年）

(3)　北陸地方で行われている，年に米を一回だけつくる農業を何といいますか。

（　　　　　　　　　）

5 東海の農業や漁業について，次の問いに答えなさい。　4点×3〔12点〕

(1)　次の文にあてはまる農産物をあとからそれぞれ選びなさい。

①（　　　）　②（　　　）

①　温暖な渥美半島で，夜間に照明を当て，成長を遅らせる抑制栽培で生産されている。
②　静岡県の牧ノ原などの台地で生産が盛ん。

ア　茶　　イ　キャベツ　　ウ　菊　　エ　メロン

(2)　かつお漁船やまぐろ漁船などの，遠洋漁業の基地となっている静岡県東部の漁港はどこですか。　（　　　　　　　　　）

第3章 日本の諸地域　5 関東地方

満点★ミッション

❶関東平野
日本最大の平野。

❷利根川
流域面積が日本一の河川。

❸関東ローム
富士山や浅間山の火山灰がつもった赤土。

❹東京大都市圏
東京を中心に人口が集中する地域。

❺政令指定都市
政令で指定された人口50万人以上の市。

❻首都
国の政治の中心になっている都市。

❼からっ風
関東地方で冬にふく北西の季節風。越後山脈をこえてふく、乾燥した風。

❽ヒートアイランド現象
都市中心部の気温が郊外よりも高くなること。

❾一極集中
特定の地域に人口・産業が集中すること。

❿情報通信業
情報や通信をあつかう産業。

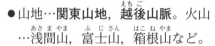

テストに出る！ **ココが要点**　解答 p.14

1 関東地方の自然環境と人々のかかわり　教 p.222〜p.223

▷ **関東平野**が広がる。

● 河川…関東平野の広い範囲から水を集める（❷　　　　　　　）。

● 海沿いの低地は川が運んだ土砂が堆積。赤土の（❸　　　　　　　）に内陸部の台地はおおわれている。

● 山地…**関東山地、越後山脈**。火山…浅間山、富士山、箱根山など。

▷ 日本で最も人口が集中し、4000万人以上が住む。

● **東京23区**を中心とした（❹　　　　　　　）が広がる。

◇ **さいたま市、千葉市、横浜市**などは（❺　　　　　　　）。

● 東京は日本の（❻　　　　　　　）→この地域を**首都圏**とよぶ。

▷ 大部分が**太平洋側の気候**に含まれる。

● 冬は（❼　　　　　　　）がふきつけるため、乾燥して晴れる。

◇ 南部の太平洋岸は冬でも温暖。

● 夏は湿度が高くむし暑い。山沿いに雷雨が発生。内陸部では高温になることもある。

◇ 都市の中心部で（❽　　　　　　　）**現象**が発生。

● **伊豆諸島、小笠原諸島**（世界遺産に登録）…東京都に含まれる。

2 世界都市、東京と日本や世界の結びつき　教 p.224〜p.225

▷ **首都・東京**は、政治の中枢、経済の中心、文化の拠点。

● **国会議事堂、政府機関、最高裁判所**、日本銀行や証券取引所、大企業の本社、大学などの学術施設、美術館などの文化施設も。

● 人口、経済の東京への（❾　　　　　　　）が進む。

● **世界都市**…外国の**大使館**や外国企業の日本法人が集中。

▷ 鉄道、高速道路などの交通網が全国に広がる。

● **東京国際空港**（**羽田空港**）…国内。**成田国際空港**…国際線中心。

● 放送局、新聞社など（❿　　　　　　　）業が発達している。

● **情報社会**のなかで、世界に影響…多くの都市文化を発信。

3 東京大都市圏の人々の結びつき 教 p.226〜p.227

▶ **東京大都市圏**…日本の人口の約3割が集中。

● 東京駅周辺は（⑪　　　　　　　　），その周辺は副都心。

● 中心部と郊外は放射状の交通網でつながる。

　◇郊外から中心部に通勤・通学。中心部の（⑫　　　　　　　　）

　の人口は夜間の人口より多い。

▶ 郊外では（⑬　　　　　　　　）が成長し，ニュータウンが建設。

● 都心は人口減少→東京湾の臨海部など人口が急増する地域も。

▶ 東京では（⑭　　　　　　　　）にともなう問題が発生。

● 各地で（⑮　　　　　　　　）により，高層ビルや施設を建設。

● 都市機能の分散…筑波研究学園都市（茨城県）に大学・研究機関

　が移転。横浜市の（⑯　　　　　　　　）・千葉市の幕張新都心・

　さいたま市のさいたま新都心に大規模なオフィス街。

4 大都市圏を支える工業・農業と物資の移動 教 p.228〜p.229

▶ 関東地方は中部地方とならんで工業が盛ん。

● 大消費地に近い，企業の本社や研究所が近い，成田国際空港・

　東京港，横浜港などの**貿易港**に近いため。

● （⑰　　　　　　　　）・京葉工業地域…**重化学工業**中心に発展。

　◇外国との競争で閉鎖された工場あとを物流センターに再開発。

● 北関東工業地域…臨海部より用地を確保しやすく，工場が移転。

　◇外国からの原料の輸入や工業製品の出荷に便利。

　◇インターチェンジ周辺に（⑱　　　　　　　　）がつくられる。

　◇工場には**外国人労働者**も働く→多文化共生社会への取り組み。

▶ 大消費地に近く，（⑲　　　　　　　　）が盛ん→交通網の整備

　や保冷車の普及で，全国の農産物・輸入農産物との競争が激化。

● 野菜，花の栽培，畜産業などは現在も盛ん←大消費地の食生活

　をささえ，大消費地が関東地方の農業をささえる。

　◇茨城県のはくさい，千葉県のだいこん，栃木県の乳牛，千葉

　県の豚。

　◇標高の高い地域で高原野菜…群馬県嬬恋村のキャベツなど。

5 都市問題の解決に向けて 教 p.230〜p.231

▶ （⑳　　　　　　　　）のおそれ…都市機能の被害は全国に影響。

● まちづくりの見直し…市街地の再開発や新しい道路の整備。

● 浸水へのそなえ…堤防の強化。地下に巨大な調整池。

満点★ミッション

⑪都心
都市の中心部で政治・経済・文化の機能が集中する地域。

⑫昼間の人口
都心では夜間の人口より多くなる。

⑬衛星都市
都市圏のなかで，住宅地など，中心都市の機能の一部を分担している都市。

⑭過密化
人口と産業が集中しすぎること。ラッシュ時の混雑などの問題が起こる。

⑮再開発
都市をつくりかえてよくすること。

⑯みなとみらい21
横浜市の臨海部につくられたオフィス街。

⑰京浜工業地帯
東京・川崎・横浜中心の工業地帯。

⑱工業団地
計画的に工業用地を開発し，工場を誘致する。

⑲近郊農業
大都市周辺で野菜などをつくる農業。

⑳首都直下地震
東京で発生する地震。都市機能が大きな被害を受け，日本全体に影響をおよぼすと予測される。

テストに出る！
予想問題

第3章 日本の諸地域
5 関東地方

🕐 30分

/100点

1 右の地図を見て，次の問いに答えなさい。　　　　　　　　　　5点×6〔30点〕

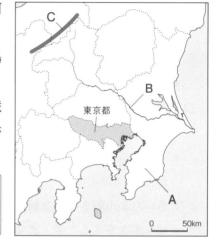

(1) 地図中のAの半島，Bの川，Cの山脈をそれぞれ何
といいますか。

A（　　　　　　　　）半島

B（　　　　　　　　）川

C（　　　　　　　　）山脈

よく出る (2) 次の文中の下線部を特に何といいますか。5字で書
きなさい。　　　　　　　（　　　　　　　　）

> 関東平野は，火山灰が堆積した赤土におおわれ
> た台地や河川沿いにできた低地からなる。

(3) 東京湾沿岸の海岸が直線的なのは，この海岸がどのような土地だからですか。

（　　　　　　　　　　　　　　　　）

記述 (4) 関東地方が冬に乾燥する理由を関係する風の名前を使って簡単に書きなさい。

（　　　　　　　　　　　　　　　　　　　　　　　　　　　　　）

2 次の文を読んで，あとの問いに答えなさい。　　　　　　　　5点×5〔25点〕

> 日本の首都・東京はA人口やさまざまな機能が集中しており，世界各地から人が訪れ
> る。B都心のほか，（　C　）とよばれる新宿・渋谷・池袋などの鉄道のターミナル駅の周
> 辺も都市機能を補っている。東京の郊外には衛星都市が広がり，横浜市には（　D　）。

(1) 下線部Aについて，次の問いに答えなさい。

① 人口や産業，政治が東京のように特定の地域に集中することを何といいますか。

（　　　　　　　　　　）

② 東京の世界への玄関口(国際線中心)の空港を何といいますか。（　　　　　　　）

(2) 下線部Bについて，多くの企業・大学が集まる東京23区は，昼間の人口と夜間の人口の
どちらが多いですか。　　　　　　　　　　　　　　　　（　　　　　　　　）

(3) 文中のCにあてはまる語句を書きなさい。　　　　　　（　　　　　　　　）

(4) 文中のDにあてはまる文を，次から選びなさい。　　　（　　　　　）

ア 幕張新都心がある　　　イ 多摩ニュータウンが広がる

ウ 筑波研究学園都市がある　　エ みなとみらい21がある

3 次の問いに答えなさい。

5点×6〔30点〕

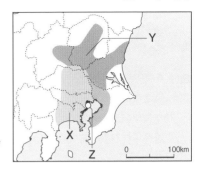

(1) 右の地図中の**X・Y**の工業地帯・地域の名前を，次の
説明文を参考にしてそれぞれ書きなさい。

X （　　　　　　　　）

Y （　　　　　　　　）

X　東京都，神奈川県，埼玉県に広がる工業地帯

Y　高速道路沿いの工業団地に組み立て作業を行う工場
などが移転して発展した工業地域

(2) 地図中**X**の臨海部では，工場が移転したあと地はどのように利用されていますか。次の
文の（　　）にあてはまる語句を書きなさい。　　　　　　　　　（　　　　　　　　）

> 商業施設や（　　）として，再開発されている。

(3) 大消費地に近い条件を生かして，都市向けに野菜を生産して出荷する農業を何といいま
すか。　　　　　　　　　　　　　　　　　　　　　　　　　　　（　　　　　　　　）

(4) 次の①・②の地域で行われている農業を，あとからそれぞれ選びなさい。

①　群馬県嬬恋村（つまごい）　　②　千葉県南房総市（ぼうそう）　　①（　　）②（　　）

ア　キャベツやレタスなどの高原野菜を作る農業が盛ん。

イ　扇状地で，ぶどう・ももなどの果樹栽培が盛ん。

ウ　特に乳牛が多く飼育されておりいちごの生産量も多い。

エ　冬でも暖かい気候を利用して，花の栽培を行う。

4 次の問いに答えなさい。

5点×3〔15点〕

東京スカイツリー

(1) 右の建物は，ビルの高層化を受けて建設された電波塔で
す。東京大都市圏が高層化・過密化するなかで発生が心配
されている地震は何ですか。　　　（　　　　　　　　）

(2) 東京の防災対策について，次の地域の防災面の課題に対
応する対策をあとからそれぞれ選びなさい。

①　低層の建物が密集する地域　　　　　　（　　）

②　都市化が進んでアスファルトにおおわれた地域

（　　）

ア　地下に巨大な調整池をつくり雨水を一時的にためる。

イ　堤防を強化し，水門や排水機場を整備する。

ウ　地区を再開発して，公園や道路を広げる。

第3章 日本の諸地域　6　東北地方

テストに出る！ ココが要点　解答 p.15

❶リアス海岸
三陸海岸にみられ，わかめやかきの養殖が盛んに行われている。

❷東日本大震災
2011年の東北地方太平洋沖地震による災害。原子力発電所の事故も起こった。

❸やませ
東北地方の太平洋側で夏にふく冷たく湿った風。

❹穀倉地帯
穀物の大生産地。

❺冷害
冷夏で，米などの収穫量が減る災害。

❻減反政策
米の生産量を減らす政策。

❼年中行事
毎年同じ時期に行う行事。人々の楽しみとなる。

❽ユネスコ無形文化遺産
文化的な価値が高い芸能や祭りを登録。秋保の田植踊，新庄まつりの山車行事，男鹿のナマハゲなどが選定された。

❾伝統的工芸品
地域の伝統文化に根ざし手づくりされる。

❿地方中枢都市
地方の中心的な都市。

---

1 東北地方の自然環境と人々のかかわり　教 p.236～p.237

▷　3列の山地が南北につらなる。
- **奥羽山脈**の西に出羽山地，東に北上高地・阿武隈高地。
- 平地は海岸沿いと山地のあいだ。
- **三陸海岸**…（❶　　　　　　　　　）。
- 太平洋沖の日本海溝付近を震源に（❷　　　　　　　　）が発生。

▷　全体に冷涼な気候。日本海側は冬に雪が多く，太平洋側は晴れが多い。
太平洋側は（❸　　　　　　　）の影響で冷夏になりやすい。

▷　三陸海岸の沖合は潮目で世界有数の漁場。湾内では養殖も。

図

奥羽山脈
白神山地
北上高地
出羽山地
三陸海岸
庄内平野
最上川
山形盆地
仙台平野
阿武隈高地

2 農業をとりまく環境の変化と農家の対応　教 p.238～p.239

▷　東北地方は日本の（❹　　　　　　　　）…全国の米の約3割を生産。（❺　　　　　　　　）にそなえて，稲作のくふうを行う。
- 扇状地などで果物を栽培。**津軽平野**のりんごなど。

▷　（❻　　　　　　　　）政策…大豆・そばなどへ転作が進んだ。

▷　**銘柄米**の栽培。農業の「6次産業」化→収入を増やす。

3 伝統文化の維持と革新　教 p.240～p.241

▷　伝統文化…祭りや（❼　　　　　　　）が受けつがれている。

▷　伝統文化を維持しながら観光に生かす。
- 平泉は世界文化遺産。ナマハゲなどは（❽　　　　　　　）遺産に選定。黒石市などに重要伝統的建造物群保存地区。

▷　地元の素材を利用する（❾　　　　　　　）が見直されている。

4 東日本大震災による変化／震災からの復興　教 p.242～p.245

▷　人口減少や高齢化…東日本大震災の被災地で特に急激に進む。
- （❿　　　　　　　）都市の仙台市やその周辺では人口増加。

▷　津波で被害を受けた，漁業や農業の復興が進む。
- 工業団地に自動車工場などが進出…工場の被災は世界に影響。

▷　「震災遺構」などで災害を伝承。防潮堤の建設など。

テストに出る！
予想問題

第3章 日本の諸地域
6 東北地方

🕐30分

/100点

1 右の地図を見て，次の問いに答えなさい。

8点×5〔40点〕

よく出る (1) Aの山脈を何といいますか。

（　　　　　　　）

(2) 世界自然遺産に登録されている，Bの山地を何といいます

か。　　　　　　　　　　（　　　　　　　）

(3) Cにある入り組んだ海岸地形を何といいますか。

（　　　　　　　）

(4) 近くが東日本大震災の震源となった，東北地方の太平洋側

にある海溝を何といいますか。

（　　　　　　　）

記述 (5) Dのように，東北地方の太平洋側に，初夏に冷たい湿った風がふくと，どのような気象

災害が起きるおそれがありますか。簡単に説明しなさい。

（　　　　　　　　　　　　　　　　　　）

2 右の資料を見て，次の問いに答えなさい。

10点×6〔60点〕

(1) りんごの県別生産量を示した右のグラフのXにあては

まる県名を答えなさい。

合計 74万t (2017年)	X 56.6%	長野県 20.3	6.4	5.4	7.6

山形県　岩手県　福島県 3.7　その他

（「作物統計」2018年ほか）

（　　　　　　　）

(2) 東北地方は，米の生産量が全国の約3割を占めることから，日本の何といわれています

か。　　　　　　　　　　　　　　　　　　（　　　　　　　）

(3) 東北地方の祭りと，その祭りが行われる都市名の組み合わせとして正しいものを，次か

ら選びなさい。　　　　　　　　　　　　　　　　　　　（　　　）

ア 花笠まつり－青森市　　イ 竿燈まつり－福島市

ウ ねぶた祭－仙台市　　エ さんさ踊り－盛岡市

(4) 東北地方の伝統的工芸品について，岩手県で盛んにつくられているものを，□から選

びなさい。　　　　　　　　　　　　　　　　　　（　　　　　　　）

樺細工	雄勝硯	津軽塗	天童将棋駒	会津塗	南部鉄器

(5) 東北地方で高速道路や新幹線の開通によりつくられ，工場が誘致されたところを何とい

いますか。　　　　　　　　　　　　　　　　　　（　　　　　　　）

(6) 東北地方の地方中枢都市はどこですか。　　　　　　（　　　　　　　）

第3章 日本の諸地域　7　北海道地方

テストに出る！ **ココ**が**要点**　解答 p.15

1 北海道地方の自然環境と人々のかかわり 教 p.250〜p.251

▷ 日本の最も北で，日本の面積の2割。北方領土も含む。

- (①　　　　　　　　)に水がたまった摩周湖，洞爺湖。

▷ (②　　　　　　　　)は世界自然遺産に登録。

▷ (③　　　　　　　　)気候の地域。

- 冬は気温が0℃を越えない真冬日が続く。中央部は−20℃以下にも。日本海側は積雪が多く，太平洋側も気温が低い。
- 夏は比較的すごしやすく，梅雨の影響をほとんど受けない。
  ◇東部の太平洋側で，南東の季節風がふくと濃霧が発生する。

2 寒冷な気候に対応した人々の生活 教 p.252〜p.253

▷ 江戸時代まで蝦夷地…大部分で(④　　　　　　　　)が生活。

- 明治時代に開拓使を設置して開発。(⑤　　　　　　　　)がおかれ，全国から移住者が集められた→アイヌの人々は土地をうばわれて打撃を受けた。

▷ 寒さへのくふう…二重の窓や玄関。除雪，ロードヒーティング。

- 地方中枢都市の札幌市に一極集中が進む。

3 きびしい自然環境を克服した農業 教 p.254〜p.255

▷ 石狩平野を客土で土壌改良。品種改良→全国有数の生産量に。

- 火山灰がつもった十勝平野は畑作。輪作。大規模経営が多い。

▷ 根釧台地や十勝平野では(⑥　　　　　　　　)が盛ん。

▷ 輸入農産物への対抗→「食の安全」に対応した農産物を栽培。

4 自然環境を生かした観光／自然との共生 教 p.256〜p.259

▷ オホーツク海側…(⑦　　　　　　　　)を観察する観光が人気。

- 大規模なスキー場は冬のリゾート地になっている。

▷ 畑作地域・酪農地域では(⑧　　　　　　　　)が盛んである。

- 閉山になった炭鉱やにしん漁の番屋などの近代化遺産。

▷ (⑨　　　　　　　　)が制限→養殖業や栽培漁業に転換。

- 釧路湿原はラムサール条約登録。(⑩　　　　　　　　)が盛ん。

満点★ミッション

❶カルデラ
火口の近くのくぼんだ地形。

❷知床半島
北海道東部の半島。貴重な自然環境がある世界自然遺産。

❸冷帯〔亜寒帯〕気候
年間を通して冷涼で，冬の気温が低い気候。

❹アイヌ民族
北海道の先住民族。独自の文化と言語を持つ。

❺屯田兵
日本の北方を警備する。

❻酪農
牛乳や牛乳を加工した乳製品を生産する。

❼流氷
オホーツク海沿岸に冬に流れてくる。

❽グリーンツーリズム
農村などで農業体験や自然に触れる活動を行う観光。

❾北洋漁業
各国の排他的経済水域の設定で規模が縮小された。

❿エコツーリズム
環境保全と観光業の両立。

テストに出る！
予想問題

第3章 日本の諸地域
7 北海道地方

⏱30分

/100点

1 右の地図を見て，次の問いに答えなさい。　　　　　　　　　　10点×5〔50点〕

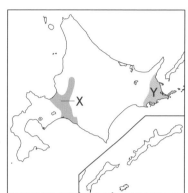

(1) Xの平野とYの台地を何といいますか。

X（　　　　　　　　　）平野　Y（　　　　　　　　　）台地

よく出る (2) Xの平野では，どのような農業が盛んですか。次から選びなさい。　　　（　　　）

ア　稲作　　イ　畑作　　ウ　果樹栽培

(3) 次の文中の①にあてはまる語句を▢から選びなさい。また，②にあてはまる語句を書きなさい。

①（　　　　　　　　　）

②（　　　　　　　　　）

地図中のYの台地では，（　①　）が盛んである。本州から遠いYの台地では，かつてはチーズなどの（　②　）に加工してからの出荷が盛んであった。近年は輸送手段の進歩で鮮度を保ったまま牛乳を他の都府県へ出荷できるようになった。

混合農業　　遊牧　　酪農　　二毛作　　輪作

---

2 次の文を読んで，あとの問いに答えなさい。　　　　　　　　　　10点×5〔50点〕

北海道には，以前から先住民族の（　A　）がくらしていた。明治時代になると北方の防備の役割をかねた（　B　）兵などの移住者によって開拓が進められた。北海道の気候は（　C　）に属し，冬の寒さがきびしく夏が短い。北海道では農業やD漁業，美しい自然を生かしたE観光業が盛んである。

---

(1) A・Bにあてはまる語句を書きなさい。　A（　　　　　　　　）　B（　　　　　　　　）

よく出る (2) Cにあてはまるものを，次から選びなさい。　　　　　　　　　　　　　（　　　）

ア　温帯　　イ　亜熱帯　　ウ　冷帯(亜寒帯)　　エ　寒帯

(3) 下線部Dについて，近年盛んに行われている，ほたて貝などを人が育てて増やす漁業を何といいますか。　　　　　　　　　　　　　　　　　　　　（　　　　　　　　　）

記述 (4) 下線部Eについて，知床半島や釧路湿原で行われているエコツーリズムとはどのような観光ですか。簡単に書きなさい。

（　　　　　　　　　　　　　　　　　　　　　　　　　　　　　　　　　　）

第4章 地域のあり方－京都市を例に－

テストに出る！ ココが要点　解答 p.16

❶自然環境
地形や気候など。

❷産業
農林水産業や工業など，ものやサービスを生産する活動。

❸交通・通信
道路や鉄道，テレビ局，新聞社，インターネットなどの広がりを見る視点。

❹調査テーマ
調査の時に，中心となる課題。

❺関連図
調査の視点やテーマを結びつけて示した図。

❻文献資料
新聞や書物などの，文字で書かれた資料。

❼聞き取り調査
人と会って，対話を通して行う調査。

❽プレゼンテーションソフト
発表に使う資料を見やすくわかりやすく作成できる。

1 地域の課題と特色をつかもう　教 p.264〜p.265

▷ 日本全体の課題を五つの視点からふりかえる。

- 「（❶　　　　　）」…災害とその対策など。
- 「人口や都市・村落」…過疎化，過密化，少子化，高齢化など。
- 「（❷　　　　　）」…農林水産業，工業，商業など。
- 「（❸　　　　　）・通信」…鉄道や高速道路の広がり。
- 「その他（歴史的背景，持続可能な社会づくり）」

▷ その課題について，身近な地域ではどうか，他の地域ではどうか考え，（❹　　　　　）と調査する地域を決定する。多人数の場合は，課題ごとに班に分けて調査を行う。

2 地域の課題の要因を考察しよう　教 p.266〜p.269

▷ 地域の課題への取り組みや，課題に関する歴史を調査して，地域の課題の要因を考察する。

- 課題を考えるには様々な視点が必要。
- 調査内容を（❺　　　　　）にまとめると課題が整理され，考えも深まる。
- （❻　　　　　）や統計資料だけではなく，地域に住む人たちの話や意見を聞く（❼　　　　　）も重要である。
- とくに聞き取り調査のさいにはマナーに気を付ける。

3 課題の解決に向けて構想しよう　教 p.270〜p.271

▷ 調査の結果から，各班で課題の解決に向けたプランを考える。

- コンセプトをはっきり示す。
- タイトルをつける，1枚の紙にまとめる，（❽　　　　　）ソフトを使うなどわかりやすくする。

4 まちづくり会議を開こう　教 p.272〜p.273

▷ 地域の課題について考察したり，解決策について構想したことをまとめて，会議で発表する。

- 各班の提案を検討し，関連づけたり，提案に優先順位をつけたりして，プランをまとめる。
- 文化祭や，学校のホームページ，ビデオレターなどで発信する。

取りはずして
使えます!

中間・期末の攻略本

解答と解説

日本文教版　　社会地理

第1編　世界と日本の地域構成

p.2〜p.3　ココが要点

❶陸地
ろくたいりく
❸六大陸
こっきょう
❺国境
ないりくこく
❼内陸国
❾バチカン市国
こっき
⓫国旗
いせん
⓭緯線
ちきゅうぎ
⓯地球儀
せかいちず
⓱世界地図

❷海洋
さんたいよう
❹三大洋
しまぐに　かいようこく
❻島国〔海洋国〕
じんこうみつど
❽ロシア
⓾人口密度
けいせん
⓬経線
ほんしょ し ごせん
⓮本初子午線
ほうい
⓰方位
ずほう
⓲図法

p.4〜p.5　予想問題

1 (1)Aアフリカ大陸

　　Ｂ北アメリカ大陸

　(2)Ｃインド洋　　Ｄ太平洋
　　　　　　　　たいへいよう

　(3)ウ

　(4)Ｆオセアニア州　　Ｇ南アメリカ州

2 (1)①記号　ア

　　　国　ロシア

　　②中国・インド

　　③イ

　(2)バチカン市国

　(3)ウ

　(4)〈例〉海上に国境が引かれ，まわりを海で
　　みつど
　　囲まれた国。

　(5)人口密度

3 (1)Ａ緯線　　Ｂ経線
　　　　いせん

　(2)赤道

　(3)本初子午線
　　　しごせん

　(4)イ

4 (1)地図1　ア　　地図2　イ

　(2)シドニー

　(3)ブエノスアイレス

　(4)d

　(5)図法

　(6)地球儀

解説

1 (3)ユーラシア大陸は，ヨーロッパ州とアジア州を合わせた大陸で，最も面積が大きい。ウラル山脈が2つの州の境となる。

2 (1)①世界の国で面積の広い順は，ロシア，カナダ，アメリカ，中国，ブラジルとなる。②世界の国で人口の多い4か国は，中国，インド，アメリカ，インドネシア。

　(4)海に面していない国は，内陸国という。

3 (2)南米のエクアドルには，赤道の位置を示す赤道記念碑がある。

　(3)本初子午線はイギリスの旧グリニッジ天文台を通っている。

　(4)ニューオーリンズは本初子午線の西側にあるので，西経であらわす。

4 (1)**地図1**は正距方位図法で，中心からの距離と方位が正しい図法である。**地図2**はメルカトル図法で，地図上の2点を結ぶ直線が経線に対して等しい角度になる。

　(2)(3)**地図1**は距離と方位が正しい地図であるから，(2)は地図上で見て東京との直線距離が最も近い都市を，(3)は地図上で東京の右に位置する都市を選ぶ。

➕もひとつプラス

三大洋	太平洋，大西洋，インド洋
六大陸	ユーラシア大陸，北アメリカ大陸，南アメリカ大陸，アフリカ大陸，オーストラリア大陸，南極大陸

p.6　ココが要点

❶北緯　　　　　　　❷東経
❸北　　　　　　　　❹経度
❺太平洋　　　　　　❻時差
❼標準時　　　　　　❽標準時子午線
❾明石市　　　　　　❿日付変更線

p.7　予想問題

1 (1)ウ
　　(2)ア
　　(3)エ
　　(4)東半球
2 (1)標準時子午線
　　(2)135度
　　(3)Aイ　　　Bア
　　(4)b
　　(5)午前3時

解説

1 (2)**ア**のエジプトはおよそ北緯22度から32度，**イ**のオーストラリアはおよそ南緯10度から44度，**ウ**のインドネシアはおよそ北緯6度から南緯11度，**エ**のドイツはおよそ北緯46度から56度の範囲に位置する。

2 (1)東西に広い国土をもつ国では，地域ごとに複数の標準時を設定している場合もある。

(3)最も早く日付が変わるのは，日付変更線の西側で，日付変更線に一番近い都市である。

(5)地球は24時間で1回転する。360(度)÷24(時間)＝15(度)から，経度15度差で1時間の時差が生じる。東京と経度0度のロンドンの経度の差は135度のため，時差は135÷15＝9(時間)。日付変更線から見て，東京よりロンドンが西にある。西に行くときは時間を戻すので，正午から9時間戻した午前3時となる。

p.8　ココが要点

❶領域　　　　　　　❷領海
❸排他的経済水域　　❹領土問題
❺北方領土　　　　　❻竹島
❼中国　　　　　　　❽都道府県
❾県庁所在地　　　　❿近畿

p.9　予想問題

1 (1)領域
　　(2)A与那国島　　B南鳥島
　　(4)A排他的経済水域　　　B200
　　(5)aウ　　　bア
2 (1)A東北地方　　B中国・四国地方
　　(2)東海
　　(3)①ウ　　②神戸市

解説

1 (2)Aは日本の西端の与那国島，Bは日本の東端の南鳥島である。南端には沖ノ鳥島，北端には択捉島がある。

(3)日本は海洋国のため，排他的経済水域の面積は広く，アメリカ，オーストラリア，インドネシア，ニュージーランド，カナダに続いて6番目である。

(4)aは竹島，bは北方領土である。

2 (2)Xは北陸，Yは中央高地。

(3)ほかに県庁所在地名が県名と異なる県は，神奈川県(横浜市)，愛知県(名古屋市)，沖縄県(那覇市)など。

第2編　世界のさまざまな地域

第1章　世界各地の人々の生活と環境

p.10　ココが要点

❶気温　　　　　　　❷降水量
❸熱帯気候　　　　　❹乾燥帯気候
❺温帯気候　　　　　❻サバナ
❼砂漠　　　　　　　❽西岸海洋性
❾冷帯　　　　　　　❿高山

p.11　予想問題

1 (1)①C　　②B　　③A
2 (1)A熱帯気候
　　　　B乾燥帯気候
　　　　C冷帯(亜寒帯)気候
　　(2)ツンドラ気候・氷雪気候
　　(3)ステップ気候
　　(4)温暖湿潤気候
　　(5)ウ

解説

1 (1)Aは米，Bは小麦，Cはじゃがいもを主食としている地域である。

2 (1)A熱帯気候は赤道を中心に広がる。B乾燥帯気候の地域はアフリカや西アジアに多い。Cロシアやアラスカ，カナダの大部分の地域は冷帯(亜寒帯)気候に含まれる。

(2)夏のあいだだけ地表の氷がとけ，こけ類が育つのがツンドラ気候。一年じゅう氷と雪におおわれるのが氷雪気候。

(5)高山気候は，文字通り標高が高い山にみられる気候である。**ア**海から近いところは，降水量が多く，時期や時間による気温差が小さい気候になる。**イ**暖流に近いと気温が高くなり，寒流に近いと気温が低くなるなど，海流も気候に影響をあたえる。

p.12～p.13 ココが要点

❶熱帯
❷先住民
❸植民地
❹乾燥帯
❺遊牧
❻鉱産資源
❼温帯
❽スローフード
❾寒帯
❿イヌイット
⓫アンデス
⓬放牧
⓭公用語
⓮多言語国家
⓯母語
⓰三大
⓱仏教
⓲キリスト教
⓳イスラム教
⓴ヒンドゥー教

p.14～p.15 予想問題

1 (1)A熱帯気候　　B乾燥帯気候
(2)C イ　　D ウ
(3)①熱帯雨林　　②スコール
(4)①遊牧民　　②鉱産資源
(5)①イ
　②アグリツーリズム
(6)①ウ
　②〈例〉集団でアザラシなどの狩りを行い，えものを求めて移動をくり返す。

2 (1)高山気候
(2)X イ　　Y エ
(3)〈例〉気温が低く，農産物があまり育たない。

3 (1)①エ　　②イ
(2)多言語国家
(3)方言
(4)外来語
(5)①仏教　　②イスラム教
　③キリスト教
(6)イ
(7)ヒンドゥー教

解説

1 (1)一般に緯度が低いほど気温は高く，緯度が高くなると気温は低くなる。Aは赤道付近の地域で，一年中気温が高い。Bの乾燥帯気候は中緯度地域や内陸部の地域に分布する。

(2)Cは温帯気候，Dは寒帯気候に属する。**イ**はイタリアのローマ，**ウ**はアメリカのバローの雨温図。**ア**はマレーシアのクアラルンプールで，熱帯気候に属する。

(4)①「草を求めて移動」ということから考える。放牧は移動せず，特定の場所で行われる。

(6)①**ア**はマレーシア，**イ**は南アメリカの先住民。

2 (2)じゃがいもはアンデス原産である。

3 (1)①2番目に多いのは**イ**のスペイン語，その次が**ウ**の英語である。②かつて，スペインが南アメリカの国々を植民地としていたことから，スペイン語が話されている。

(2)スイスも，四つの言語が公用語となっている多言語国家である。

(5)キリスト教・仏教・イスラム教を合わせて，世界の三大宗教という。キリスト教はヨーロッパ州や北アメリカ州，南アメリカ州に，仏教は南アジアや東南アジアに広く分布している。イスラム教は西アジアや北アフリカ，インドネシアなどに多い。キリスト教は，かつてヨーロッパ州の植民地だった地域にも広がっている。

(6)**ア**はヒンドゥー教，**ウ**はキリスト教にあてはまる。

+もうひとつプラス

おもなイスラム教のきまり	1日5回，聖地のメッカに向いてお祈りをする。
	聖地メッカに巡礼する。
	イスラム暦9月(ラマダーン)の日中は飲み食いしない。

ミス注意！ 仏教はインドでシャカが開いた宗教であるが，現在のインドは国民の約7割がヒンドゥー教を信仰している。

第2章　世界の諸地域

❶ユーラシア　　　　❷ヒマラヤ
❸季節風〔モンスーン〕
❹乾季　　　　　　　❺発展途上国
❻稲作　　　　　　　❼先端技術〔ハイテク〕
❽経済特区　　　　　❾国内総生産〔GDP〕
❿都市問題　　　　　⓫二期作
⓬プランテーション　⓭工業団地
⓮東南アジア諸国連合〔ASEAN〕
⓯ヒンドゥー　　　　⓰カースト
⓱情報通信技術
⓲石油輸出国機構〔OPEC〕
⓳レアメタル　　　　⓴難民

1 (1)ヒマラヤ山脈
　(2)ウ
　(3)季節風〔モンスーン〕
　(4)乾季
　(5)乾燥帯気候
　(6)ウ

2 (1)経済特区
　(2)世界の工場
　(3)都市問題
　(4)沿岸部
　(5)先端技術産業〔ハイテク産業〕

3 (1)二期作
　(2)プランテーション
　(3)〈例〉石油などの鉱産資源や天然ゴムなどの農産物中心から，電気機器などの工業製品中心に変化した。
　(4)ASEAN
　(5)イ

4 (1)ヒンドゥー教
　(2)情報通信技術産業〔ICT産業〕
　(3)〈例〉英語が普及しており，アメリカなどの関連企業と仕事がしやすいから。

　(4)石油
　(5)OPEC
　(6)イスラム教
　(7)難民

解説

1 (1)ヒマラヤ山脈からチベット高原にかけては「世界の屋根」とよばれる。世界最高峰のエベレスト山もこの山脈に位置する。
(2)アラビア半島内陸部の砂漠地帯に位置することからウ。アは温帯，イは熱帯の雨温図。
(3)季節風(モンスーン)は，南アジア～東アジアでは，夏は海洋から陸地に向かってふき，冬は陸地から海洋に向かってふく。
(4)アジアには世界で人口が1位・2位の中国とインドがあり，この2国の人口を合わせただけでも世界の人口の3分の1以上となる。

2 (1)(2)経済特区には日本の企業も多く進出し，多くの製品が生産されている。
(3)急速に工業化が進んだため環境への配慮が追いつかず，「PM2.5」とよばれる大気汚染物質が問題となっている。高級な住宅地やマンションに住む富裕層と，地方から出かせぎにきた貧困層との経済格差も都市問題の1つである。
(4)地図中の濃い赤色の部分ほど，経済的に豊かであり，ここに住む人のほとんどは中国の人口の90％以上を占める漢族である。ほかに50をこえる少数民族が住んでいるが，少数民族は西部や周辺部に多く分布している。沿岸部と内陸部には，大きな経済格差がある。

3 (1)二期作とは同じ農作物を同じ土地で1年に2回栽培することである。東南アジアでは稲作で二期作を行うほか，夏に水没するような土地でも育てることができる浮稲の栽培を行っている。そのため米の収穫量が多くなっている。
(2)東南アジアでは，プランテーションで，コーヒーや天然ゴムの栽培が行われる。
(3)経済発展で人件費が高くなった中国に代わり，東南アジアに工場を移転する日本企業も増えてきている。

4 (3)イギリスの植民地だったインドでは英語を話せる人が多く，また，古代から伝統的に数学が発達していることから，アメリカなどのICT企業が多く進出している。とくにベンガルール

はアメリカのシリコンバレーとの時差がほぼ半日であるため，ここにオフィスを構えることで，アメリカのICT企業は24時間稼働することが可能になる。

(4)地図中のペルシア湾付近は，石油の埋蔵量が非常に多いことから，周辺の国々はいずれも石油の生産量が多くなっており，石油の輸出国となっている。

(5)OPECは石油輸出国機構で，西アジアの産油国を中心にしてつくられた組織である。

➕ もひとつプラス

キリスト教	ヨーロッパや南北アメリカに分布
イスラム教	西アジアや北アフリカに分布
仏　　教	東アジアや東南アジアに分布
ヒンドゥー教	インドの国民の約7割が信仰

p.20～p.21 ココが要点

❶アルプス　　　　❷フィヨルド
❸北大西洋　　　　❹偏西風
❺地中海性　　　　❻白夜
❼キリスト教　　　❽プロテスタント
❾ヨーロッパ連合〔EU〕　❿ユーロ
⓫混合　　　　　　⓬地中海式
⓭持続可能　　　　⓮LRT
⓯リサイクル　　　⓰パイプライン
⓱再生可能エネルギー　⓲多文化
⓳移民　　　　　　⓴難民

p.22～p.23 予想問題

1 (1)アルプス山脈
(2)地中海
(3)フィヨルド
(4)a ライン川　　b ドナウ川
(5)〈例〉暖流の北大西洋海流で暖められた空気を，偏西風が運んでくるため。
2 (1)キリスト教
(2)ア
(3)①ヨーロッパ連合
　　②東ヨーロッパ
(4)ユーロ

3 (1)混合農業
(2)ア・エ
(3)国境
(4)〈例〉東ヨーロッパの方が労働者の賃金が安いから。
4 (1)持続可能な社会
(2)①フランス　　②ロシア
(3)再生可能エネルギー
(4)難民
(5)イギリス

解説

1 (1)(2)ヨーロッパの気候や文化に大きな影響をあたえてきた山脈と内海である。
(4)このような河川を国際河川という。
(5)ヨーロッパの比較的南部にあるローマは，北海道の函館市とほぼ同じ緯度である。ヨーロッパの大部分が日本の北海道よりも北に位置するにもかかわらず温暖なのは，北大西洋海流と偏西風の影響が大きい。

2 (2)イのプロテスタントはドイツやイギリス，北ヨーロッパなどを中心に信仰されている。ウの正教会はギリシャなどのバルカン半島からロシアにかけて信者が多い。
(3)EUの古くからの加盟国は西ヨーロッパ中心。かつてソ連の影響下にあった東ヨーロッパは2000年以降の加盟となる。

3 (2)夏の乾燥に強いぶどうやオリーブ，オレンジ，冬の降水を利用した小麦などが栽培される。
(3)国境をこえるときの制限，とくに輸出入の際の関税がかからない点が大きなメリットになる。
(4)工業化の進んだドイツなどに賃金の安い東ヨーロッパ出身の労働者が移り住んだり，ドイツなどの工場が東ヨーロッパに移転したりすることで，ドイツの人々が雇用を失うなどの問題も起こっている。

4 (2)①フランスの発電は原子力発電が大きな割合を占め，周辺諸国への電力の輸出国となっている。②石油というと西アジアのイメージが強いが，ロシアは世界有数の産油国。陸続きのヨーロッパにパイプラインで送ることで，輸送のコストがおさえられる。
(3)ヨーロッパでは，持続可能な社会をつくる取り組みが盛んで，環境保全に対する意識が高い。

❶アフリカ **❷**焼畑(やきはた)
❸奴隷(どれい) **❹**植民地(しょくみんち)
❺プランテーション **❻**鉱産資源(しげん)
❼レアメタル **❽**モノカルチャー
❾フェアトレード **❿**アフリカ連合(れんごう)

1 (1)Aア　　Bイ
　(2)エ
　(3)イ
　(4)植民地
2 (1)プランテーション
　(2)エ
　(3)レアメタル
　(4)〈例〉特定の農産物や鉱産資源の輸出にた
　　　よるモノカルチャー経済の国が多い。
　(5)アフリカ連合〔AU〕

解説

1 (1)Aの雨温図は年間を通して降水量がほとん
どないため，乾燥帯の**ア**，Bの雨温図は年間を
通して気温が高いため，赤道に近い**イ**となる。
ウは南半球にあるため，6～8月にかけて気温
が低くなる雨温図となる。
　(2)アフリカ大陸は赤道をはさんで南北に対照的
に気候が分布しており，赤道付近から熱帯雨林
→サバナ→ステップ→砂漠→温帯となる。(1)B
の雨温図は雨季と乾季があるサバナ気候。
　(3)乾燥帯は降雨による農産物の生産が不安定な
ため牧畜が行われている。**ア**は熱帯の自然によ
る森林の再生力を利用した農法。**ウ**はヨーロッ
パ，**エ**はアジアの熱帯・温帯地域の農業。
　(4)アフリカのほとんどの地域は，ヨーロッパの
国々によって植民地とされた。植民地となると
きに，境界線は民族分布を無視して，直線的に
引かれることも多かったため，現在でも，民族
紛争の原因の1つとなっている。
2 (2)北部の砂漠地帯やギニア湾沿岸に分布。
ア・ウの石炭と鉄鉱石はアフリカ大陸でも産出
されるが，他の鉱産資源にくらべると目立った
生産量ではない。**イ**の金は赤道付近や南アフリ
カなどに分布。アフリカ大陸は金やダイヤモン
ド，(3)のレアメタルなどの高価で希少な鉱物に

恵まれているが，こうした鉱産資源をめぐって
紛争が起こったり，鉱産資源を売却した資金で
紛争が続けられたりしているため，「紛争鉱物」
とよばれることもある。
　(4)植民地時代にプランテーションで栽培された
カカオ，コーヒー，茶などの農産物や，(2)(3)の
鉱産資源が輸出に占める割合が大きい経済。不
作や国際価格の変動で収入が安定しないため，
多様な産業を育てていくことが必要とされてい
る。

➕ もひとつ プラス

アフリカでは，アフリカ民族のあいだで話され
ているスワヒリ語のほか，植民地支配の影響で，
英語やフランス語を公用語としている国が多い。
また，エジプトやリビアなど，北部の国々では
アラビア語が話されており，イスラム教が信仰
されている。

❶北アメリカ **❷**ロッキー
❸ハリケーン **❹**先住民(せんじゅうみん)
❺多民族(たみんぞく) **❻**移民(いみん)
❼企業的農業(きぎょうてきのうぎょう) **❽**適地適作(てきちてきさく)
❾穀物(こくもつ)メジャー **❿**多国籍企業(たこくせきぎょう)
⓫鉄鋼(てっこう) **⓬**デトロイト
⓭先端(せんたん)技術(ぎじゅつ)〔ハイテク〕
⓮サンベルト **⓯**シリコンバレー
⓰メキシコ **⓱**SNS
⓲自動車社会(じどうしゃしゃかい) **⓳**大量消費(たいりょうしょうひ)
⓴再生可能

1 (1)Aロッキー
　　　Bアパラチア
　(2)Dア　　Eイ
　(3)ア
　(4)①メキシコ湾(わん)
　　②ハリケーン
　　③ミシシッピ川
2 (1)①先住民
　　②アフリカ系(けい)
　　③ヒスパニック
　(2)スペイン語

③ (1)適地適作

(2)A エ　　B ア　　C イ

(3)〈例〉国内で消費されるよりも多くの農産物が企業的農業により大量に生産され，世界の国々に輸出されているから。

④ (1)A b　　B a　　C エ　　D イ

(2)サンベルト

(3)A ア　　B ウ

解説

① (1)環太平洋造山帯に属し，高くけわしい山々が連なるロッキー山脈に比べると，アパラチア山脈は標高は高くなくなだらかである。

(2)ロッキー山脈とアパラチア山脈の間には，西からグレートプレーンズ，プレーリー，中央平原とよばれる平原が広がる。グレートプレーンズは降水量が少ない高原で，牛の放牧が行われている。プレーリーは小麦やとうもろこし，大豆などが栽培されるアメリカの穀倉地帯となっている。

(3)アメリカの首都があるワシントンD.C.である。イはキューバの首都，ウはメキシコの首都，エはカナダの首都。

(4)②ハリケーンは日本の台風と同じ熱帯低気圧。アメリカ本土にもしばしば上陸し，大きな被害をもたらす。

② (1)③ヒスパニックは，メキシコやカリブ海の国々からアメリカ合衆国に移住してきた，スペイン語を話す人々のことである。ヒスパニックは，ヨーロッパ系，アフリカ系，先住民のすべてにわたっているため，このグラフでは分類がしにくい。アジアからの移民も増えている。

(2)中央アメリカはかつてスペインの植民地だったため，スペイン語が公用語になっている。カナダの一部の州ではフランス語が公用語になっている。

③ (1)北アメリカ州では，地形や気候に合わせた農作物を広く栽培しており，これを適地適作という。機械などを使い，広大な農地で作物を効率よく大量生産する企業的農業も特色。

(2)ウの酪農は北東部の五大湖周辺で行われている。またグレートプレーンズでは，フィードロット方式で肉牛の放牧がおこなわれている。

(3)アメリカの小麦・大豆・とうもろこしの生産・流通は，穀物メジャーとよばれる大企業が主導している点が大きな特色。穀物メジャーは自社で人工衛星を所有したり，バイオテクノロジーを農産物の品種改良に生かすなど，ハイテクを駆使した経営を行っている。

④ (1)bのデトロイトは大量生産方式の自動車工業が始まったことで知られる。鉄鋼業で栄えたcのピッツバーグとともにアメリカの基幹を支えた工業都市だが，20世紀後半以降は地位が低下し，「ラストベルト(さびついた工業地帯)」とよばれる地域にある。aのシリコンバレーはサンフランシスコの南部に位置し，ビッグテックとよばれるアメリカのICT企業が集まる。

(2)サンベルトは温暖な気候，土地の確保のしやすさ，ヒスパニックなどの安価な労働力により，アメリカの工業の中心地となっていった。

(3)Xの石炭はアパラチア山脈に位置するアパラチア炭田など，Yの鉄鉱石は五大湖周辺で産出され，ピッツバーグでの鉄鋼業が栄える基礎となった。アメリカの鉱産資源としては，近年は技術の進歩によってシェールガス・シェールオイルの採掘が可能になり，注目されている。

もひとつプラス

グレートプレーンズ	肉牛の放牧が盛ん。
プレーリー	小麦の栽培が盛ん。東側では酪農，とうもろこし，大豆，綿花栽培など。
中央平原	酪農，とうもろこし，大豆，綿花栽培など。

練習しよう 多国籍の「籍」を攻略！

籍	籍					

p.30　ココが要点

❶南アメリカ　　❷アンデス
❸熱帯雨林　　❹パンパ
❺先住民　　❻奴隷
❼メスチソ　　❽スラム
❾地球温暖化　　❿バイオ燃料

1
(1)a
(2)Aアンデス山脈
　　Bアマゾン川
(3)熱帯雨林
(4)Cブラジル
　　Dアルゼンチン
(5)日系人
(6)パンパ
(7)イ

2
(1)メスチソ
(2)〈例〉かつてスペインやポルトガルの植民
　　地だったから。
(3)ウ
(4)ウ

解説

1
(1)赤道はアマゾン川の河口を通る。
(2)南アメリカの河川としては，アルゼンチンを
流れるラプラタ川もおさえておく。
(3)近年は，バイオ燃料を生産するためのとうも
ろこしやさとうきびの栽培のために，熱帯雨林
が伐採され，問題となっている。
(5)日本からの移民が始まったころは，コーヒー
のプランテーションで労働者として働く人が多
かった。
(7)Xの都市はアルゼンチンのブエノスアイレス。
南半球に位置しているので，北半球の気候とは
季節が逆になる。赤道からはなれた中緯度の海
沿いにあり，温帯気候に属している。

2(1)ブラジルは混血やアフリカ系の人々の割合
が比較的高く，アルゼンチンはヨーロッパ系の
割合が高いなど，国によって民族の構成は多様
である。
(2)植民地支配を受けた地域では，支配していた
国の言語が公用語になる場合が多い。
(3)ブラジルの主な農産物はプランテーションで
栽培されるコーヒーで，生産量は世界第1位で
ある。
(4)ウ温室効果ガスを排出するが，そのことが環
境保全には役立つわけではない。

練習しよう 奴隷の「隷」を攻略！

隷	隷						

❶オーストラリア　　❷火山島
❸アボリジニ　　❹マオリ
❺露天掘り　　❻多民族国家
❼アジア　　❽白豪主義
❾多文化　　❿地球温暖化

1
(1)Aア　　Bウ
(2)c
(3)ア
(4)ア

2
(1)Xアジア　　Yヨーロッパ
(2)イギリス
(3)白豪主義
(4)〈例〉さまざまな国からの移民の子孫と先
　　住民のアボリジニが生活しているから。
(5)地球温暖化

解説

1(1)南半球にあるオセアニアは北に行くほど暖
かい気候になる。パプアニューギニアやオース
トラリア大陸北部，太平洋の島々は熱帯，大陸
内陸部は乾燥帯，大陸南部やニュージーランド
は温帯に属する。Aの雨温図は降水量の少なさ
から乾燥帯，Bの雨温図は温暖な気候と降水量
から温帯。南半球は6～8月が冬になるため，
気温のグラフの中央がくぼむ形になる点も注意。
(2)マオリはニュージーランドの先住民。aのパ
プアニューギニアの先住民はパプア人，bの
オーストラリアの先住民はアボリジニ。
(3)イの石炭はオーストラリアの東部，ウのボー
キサイト（アルミニウムの原料）は北部・西部で
産出される。
(4)ア露天掘りは地面をうずを巻くようにけずり
取って採掘する方法で，国土が広いオーストラ
リアならではの採掘方法。日本の鉱山ではトン
ネルのように坑道を掘る方法が用いられてきた。
イは南アメリカの高山地域のよう。ウの太平
洋の島々では稲作ではなくタロイモ・ヤムイモ
などを主食としているので，あやまり。

2(1)1961年までY以外の移民がほとんどないこ
とから，Yがヨーロッパであるとわかる。1970
年代の白豪主義廃止以降に移民の数がめざまし

く増えている**X**の出身地はアジア。

(2)現在でもオーストラリアの国旗の一部にはイギリス国旗が使われている。また，オーストラリアの国家元首は，イギリス国王（女王）である。

(4)先住民の伝統的な文化や，それぞれの移民の文化をたがいに尊重し合う，多文化共生が求められている。

(5)地球温暖化が進むと，海面が上昇する。さんご礁の島であるツバルは，平均の標高が1.5mであるため，地球温暖化の進行で水没することが心配されている。

練習しよう 白豪主義の「豪」を攻略！

豪	豪					

（2）縮尺が2万5千分の1なので，

4 cm×25000＝100000cm＝1 km　となる。

（3）「伏見」駅から見て「丹波橋」駅は，真下（南）よりもやや右寄り（南と南東のあいだ）にある。

（4）**C**交番の地図記号を警察署とまちがえないように注意する。

（5）**イ**寺の地図記号（卍）が多くみられ，東の方のところどころに畑（ㄑ）もみられる。**ア**この範囲には等高線がほとんどみられない。**ウ**鉄道の路線数は3つである。

➕もひとつプラス

縮尺	2万5千分の1	5万分の1
	0　　250m ────── 1 cm	0　　500m ────── 1 cm
1 cmが 表す実際 の長さ	1 cm×25000 ＝25000cm ＝250m	1 cm×50000 ＝50000cm ＝500m

---

第3編　日本のさまざまな地域

第1章　地域調査の手法

p.34　ココが要点

❶地形図　　　　❷国土地理院
❸縮尺　　　　　❹等高線
❺田　　　　　　❻果樹園
❼老人ホーム　　❽ハザードマップ
❾棒グラフ　　　❿円グラフ

p.35　予想問題

1 (1)①ア　　②ウ　　③イ
　 (2)①イ　　②ア
2 (1)国土地理院
　 (2)1 km
　 (3)南南東
　 (4)A発電所〔変電所〕
　　　B病院
　　　C交番　　D図書館
　 (5)イ

解説

1 (2)①数量の増減がわかりやすいのはイの折れ線グラフである。棒グラフでもよい。②割合を示す場合はアの帯グラフを用いる。円グラフでもよい。
2 (1)国土地理院は国土交通省に属する国の機関。地形図は大きめの書店などで手に入る。

第2章　日本の地域的特色と地域区分

p.36　ココが要点

❶環太平洋造山帯　❷扇状地
❸三角州　　　　　❹砂浜
❺リアス　　　　　❻フォッサマグナ
❼日本海流　　　　❽季節風
❾梅雨　　　　　　❿内陸性

p.37　予想問題

1 (1)フォッサマグナ
　 (2)日本アルプス
　 (3)リアス海岸
　 (4)①扇状地　　②三角州
2 (1)①B　　②C
　 (2)エ
　 (3)台風
　 (4)〈例〉冬の北西の季節風が日本海をわたるときに，大量の水蒸気を含むため。

解説

1 (1)フォッサマグナはラテン語で「大きな溝」の意味。ナウマンゾウの研究で有名なドイツのナウマンがこの地を研究・散策中に発見，命名した。

9

(3)三陸海岸や志摩半島，若狭湾などが有名。船の接岸に適するため良港や漁港が多い。海面上昇，もしくは山地が海に沈み形成された。

(4)①砂が多く，水はけがよいため果樹栽培などの土地利用が行われる。扇状地と平地の境界は水を得やすいため，古くからの集落が立地する。

2 (1)①日本海側に位置する新潟の雨温図は冬に降水量が多くなるB。②太平洋側に位置する高知の雨温図は，夏に降水量が多くなるC。Aは冬の平均気温が0℃を下回ることから，北海道の気候。Dは冬の平均気温が10℃以上と温暖なことから，南西諸島の気候である。

(4)この季節風は日本海側に大雪を降らせるが，山地をこえて太平洋側に達するころには水分を失い，乾燥した「からっ風」となる。

❶マグニチュード　❷津波
❸阪神・淡路　❹東日本
❺土石流　❻高潮
❼ヒートアイランド　❽やませ
❾減災　❿共助

1 (1)A環太平洋　B津波　C断層

(2)ウ

(3)Z

(4)やませ

2 (1)ハザードマップ

(2)公助 ア・エ

　　自助 イ

　　共助 ウ・オ

解説

1 (1)A世界には環太平洋造山帯とヒマラヤ・アルプス造山帯の2つの大きな造山帯がある。C各地に断層があるため，安全なところはないと考え災害にそなえることが大切。

(2)雲仙岳は長崎県にある。アは北海道の有珠山，イは群馬県の浅間山，エは鹿児島県の桜島で，すべて活火山である。

2 (1)ハザードマップは市町村の役所で配布したり，ホームページで公開したりしている。例えば，洪水ハザードマップを入手したら，自分の

住んでいる地域がどれくらいの深さで浸水するかを確認したうえで，避難場所までのルートなどをあらかじめ決めておくとよい。

(2)災害が発生したとき，市町村や消防・警察・自衛隊などが行うことが公助，自分自身や家族を守るための行動が自助，地域の一員として役立つことが共助である。オの地域の避難訓練は自助のようにも思えるが，近所の人との声がけや避難場所への誘導なども確認できるので共助につながる。

❶少子化　❷少子高齢化
❸都市圏　❹地方中枢
❺過疎化　❻ピラミッド
❼鉱産資源　❽大陸
❾再生可能　❿火力発電

1 (1)三大都市圏

(2)ア

(3)〈例〉かつては年齢の若い人口が多い富士山型だったが，少子高齢化が進んだためつぼ型に変化した。

2 (1)①イ　②ア

(2)①水力発電所

　　②原子力発電所

　　③火力発電所

(3)再生可能エネルギー

(4)リデュース・リユース・リサイクル

解説

1 (2)アとくに都心部の駅周辺で地価が上がるため，住宅地は得にくくなる。イ・ウ・エはすべて過疎地域が抱える課題。

(3)富士山型の人口ピラミッドは，現在でも発展途上国などで多く見られる。先進国ではつりがね型やつぼ型が多いが，日本はそのなかでも急速に少子高齢化が進んでいる。

2 (1)石油は西アジアからの輸入が多いので，イとなる。ア・ウはともにオーストラリアからの輸入が多いが，アはブラジルからの輸入も多いことから鉄鉱石，ウはインドネシアからの輸入が多いことから石炭である。

(2)①川の上流をせき止めてダムをつくる必要があるため，中央高地に多い。③船で輸入した燃料を運びやすく，電力を大量に使う大都市や工場に送電しやすいため，火力発電所は沿岸部の工業地域に作られることが多い。

(3)水力発電，風力発電，地熱発電も再生可能エネルギー。

(4)リデュースはごみを減らすこと，リユースは例えばびんなどを捨てずに繰り返し使うこと，リサイクルはびんをガラスの原料として再生利用すること。

練習**しよう** 過疎化の「疎」を攻略！

疎	疎							

p.42 **ココが要点**

❶第1次
❷稲作
❸近郊農業
❹食料自給率
❺第2次
❻太平洋ベルト
❼産業の空洞
❽第3次
❾情報通信
❿情報社会

p.43 **予想問題**

① (1)米〔稲〕
(2)太平洋ベルト
(3)A京浜工業地帯　　B中京工業地帯
(4)〈例〉生産費用の安いアジアなどに工場を移し，現地で生産する企業が増えたから。
(5)ウ

② (1)A船　　B航空機
　　C自動車　　D鉄道
(2)イ

解説

① (1)北海道と東北地方，新潟県は日本の穀倉地帯になっている。
(2)人口が多く，臨海部に位置するため，重化学工業の大工場がこの地域に集まった。
(3)かつてはAの京浜工業地帯が出荷額の1位であったが，近年はB中京工業地帯がトップになっている。中京工業地帯は自動車産業に代表される機械工業が盛ん。
(4)国内の雇用が失われるだけでなく，高い技術力の維持も難しくなってきている。

(5)現在では就業人口の3分の2以上が第3次産業，次いで第2次産業，第1次産業となる。

② (1)A石油や鉄鉱石などの鉱産資源，小麦などの穀物などの運輸には大量の貨物を安価に輸送できる船が用いられる。B航空機は軽くて高価なもののほかに，新鮮さが求められる魚介類の輸出入にも用いられる。国内の貨物の輸送はトラックなどを多く用いるためCは自動車。Dは国内の旅客の移動が多い鉄道があてはまる。
(2)過疎化で採算のとれなくなった鉄道やバスの路線が廃止・減便されると，特に高齢者が移動のための手段を失うことになる。

第3章　日本の諸地域

p.44 **ココが要点**

❶カルデラ
❷地方中枢
❸シラス台地
❹太陽光
❺二毛作
❻促成栽培
❼琉球王国
❽北九州工業
❾公害
❿持続可能

p.45 **予想問題**

① (1)九州山地
(2)①カルデラ
　　②温泉，地熱発電，火山の景観などから
　　　1つ
(3)世界自然遺産
(4)さんご礁の海，琉球王国の史跡，沖縄料理などの伝統文化，豊かな自然などから
　　1つ

② (1)X鉄鋼業
　　Y機械工業
(2)水俣病
(3)〈例〉温暖な気候とビニールハウスを使い，農産物の出荷時期を早める栽培方法。
(4)シラス台地

解説

① (2)①Bの火山は阿蘇山。世界最大規模のカルデラにある牧場では，牛の放牧も行われている。
②大分県は温泉の源泉数が日本一である。また，地熱発電も行われている。火山の景観も九州地方の貴重な観光資源である。

(3)世界遺産でも正解だが，世界自然遺産と答えたい。1993年に白神山地とともに日本初の世界自然遺産に登録された。

(4)観光業が盛んな沖縄県は，第３次産業の割合が高い。

2 (1)明治時代に官営の八幡製鉄所が作られて以来，日本の重化学工業の中心地として発展した。1960年代のエネルギー革命以降，その地位は低下したが，九州各地にIC(集積回路)工場や自動車工場など機械工業が進出した。

(2)工場排水で汚染された八代海の魚を食べた人々が被害を受けた。水俣市は現在は環境モデル都市として注目されている。

(4)シラス台地は大雨のときに浸食されやすく，土砂くずれが起きることもある。

1 (1)X 降水量　Y 中国

(2)山陰

(3)①〈例〉近くを暖流の日本海流〔黒潮〕が流れているため。

②促成栽培

2 (1)イ

(2)石油化学コンビナート

(3)本州四国連絡橋

(4)〈例１〉観光客を多くよぶことができる。

〈例２〉工業団地を誘致することができる。

〈例３〉魚介類を新鮮なまま大都市圏の消費地に送ることができる。

(5)エ

解説

1 (1)瀬戸内の気候についての説明文を完成させる。１年を通じて降水量が少ない理由が，中国山地と四国山地という地理的特性と関連付けて理解できていれば解ける。

(3)①日本海流(黒潮)の影響で温暖な県には，和歌山県，静岡県，千葉県などもある。

2 (1)イの広島市を選ぶ。平和記念都市として全世界に核廃絶を訴えている。アは島根県松江市，ウは岡山県岡山市，エは高知県高知市で，それぞれの県の県庁所在地。

(3)本州四国連絡橋は，明石海峡大橋と大鳴門橋(神戸－鳴門ルート)，瀬戸大橋(児島－坂出ルート)，しまなみ海道(尾道－今治ルート)の３つのルートから成る。

(4)〈例１〉のような観光による活性化，〈例２〉のような地元への産業の誘致，〈例３〉のような地元の名産品の輸送などによって，地域の活性化をはかることができる。

(5)エの第三セクターによる鉄道路線の維持は，本州四国連絡橋とは直接の関係はなく，また過疎化地域への対策なので，不適切。ア旅客船やフェリーが廃止されると，連絡橋が通っていない離島はかえって不便になる。イ交通が便利になったことで人口の流出が加速した地域もある。ウ買い物客が大阪市や神戸市などの大都市に出かけやすくなるため，地元の商業がおとろえる問題が起こっている。これをストロー効果という。

1 (1)リアス海岸

(2)琵琶湖

(3)淀川

(4)紀伊山地

(5)ウ

も，景観づくりに協力した外装に変えている店がある。このような取り組みは，街なみや自然の景観を守るために，全国的に行われている。

❶日本アルプス　❷赤石山脈
❸信濃川　❹北陸
❺政令指定都市　❻名古屋大都市圏
❼雪害　❽中京工業地帯
❾自動車　❿東海工業地域
⓫高原野菜　⓬扇状地
⓭甲府　⓮銘柄
⓯水田単作　⓰伝統
⓱北陸工業地域　⓲園芸農業
⓳かんがい　⓴遠洋

---

② (1)①神戸
　　②京阪神大都市圏
　(2)①Ａ，埋立地
　　②Ｂ，天下の台所
　　③Ｃ，近郊農業
　(3)阪神・淡路大震災
③ (1)①阪神工業地帯　②ア
　(2)ア
　(3)杉・ひのき
　(4)〈例〉海外の安い輸入木材との競争がきびしい。
④ (1)(約)47％
　(2)町家
　(3)高さ，デザイン，屋外広告などから２つ

解説

① (1)リアス海岸は近畿地方南部の熊野灘沿岸にもみられる。
　(2)琵琶湖は滋賀県の面積の６分の１を占める。
　(5)雨温図は夏の降水量が多いため，太平洋側にあるウを選ぶ。ウは三重県尾鷲市で，日本一降水量が多いことで知られる。アの舞鶴市は冬に降水量が多い日本海側の気候，イの大阪市は１年を通じて降水量が少ない瀬戸内の気候。
② (1)①Ｂは大阪市，Ｃは京都市。②京都・大阪・神戸から１文字ずつ取って，京阪神。
　(2)①神戸市の埋立地としては，六甲アイランドやポートアイランドが有名。②現代でも西日本の経済の中心地である。③近郊農業では京野菜とよばれる伝統的な品種がつくられる。
③ (1)②液晶パネルや太陽電池などの先端技術（ハイテク）産業が盛ん。
　(2)京都や奈良では，昔から伝統工芸品の生産が盛ん。イの輪島塗は中部地方の石川県，ウの奈良筆とエの赤膚焼は奈良県。
　(3)吉野杉や尾鷲ひのきなどのブランドで有名。
　(4)他にも後継者不足や，林業従事者の高齢化などの課題がある。
④ (1)6681÷14333≒約46.6％。古都の京都府や奈良県に多く集まっている。
　(2)外観を変えずに内装をくふうして，レストランや喫茶店，宿泊施設などに活用する取り組みが広がっている。
　(3)本来はカラフルな外装のチェーン店のなかに

---

① (1)ア
　(2)日本アルプス
　(3)富士山
　(4)①濃尾平野　②輪中
　(5)名古屋大都市圏
② (1)①ア　②イ　③エ
　(2)東海
　(3)イ
　(4)〈例〉三大都市圏に近いため製品や部品の輸送に便利で，名古屋港や中部国際空港に近いため製品や部品の輸出にも便利だから。
③ (1)Ａ精密機械工業　Ｂ扇状地
　(2)ア
　(3)ウ
④ (1)ア
　(2)エ
　(3)水田単作
⑤ (1)①ウ　②ア
　(2)焼津港

解説

① (1)雨温図は冬に降水量が多いので日本海側（北陸）にあるアを選ぶ。北陸は世界的な豪雪地帯である。イは中央高地に属するため，１年を通じて降水量が少ない。ウは夏の降水量が多い太平洋側の気候になる。

(4)①Cの河川は木曽川。②木曽川は下流域の濃尾平野で，長良川と揖斐川と合流したり，非常に近い場所を流れたりしている。古くから洪水の被害を受けてきたため，村と水田を堤防で囲む輪中が発達した。

(5)中京大都市圏とよばれることもある。愛知県が中心だが，近隣の岐阜県南部や三重県北部を含めることも多い。

2 (1)①の豊田市は自動車メーカーの名前が市名になるほど，自動車工業が発達。②は東海市。③の三重県四日市市では，石油化学コンビナートが発達。

(3)富士市は富士山に降った雨や雪が地下水として湧き出て，水資源が豊富なため，製紙業が発達した。**ア**の浜松市は楽器やオートバイの生産が盛んなため，繊維工業はあやまり。また，**ウ**の瀬戸市は窯業が盛んだが，愛知県にあるため東海工業地域ではない。

(4)京阪神大都市圏，名古屋大都市圏，東京大都市圏のどこにも製品を送りやすいという点がポイント。

3 (1)B扇状地は川が山地から平野や盆地に流れ出るところに，土砂がたまってつくられる扇形の地形。

(2)山梨県はぶどうの生産が日本一である。**イ**のみかんは静岡県など温暖な地域で生産が盛ん。**ウ**のなしは，関東地方の都市近郊など，平地で栽培されることも多い。

(3)レタスの栽培には涼しい気候が適するため，夏場は標高の高い長野県で多く生産される。**イ**は茨城県。冬場に出荷量が多い**ア**は静岡県で，こちらは冬でも温暖な気候を利用している。

4 (1)北陸の農業生産額がもっとも多い**ア**が米になる。**イ**は畜産，**ウ**は野菜，**エ**は果物。

(2)**エ**は福井県の鯖江市は眼鏡枠作りが盛んであるため誤り。また，銅器の生産が盛んなのは，富山県の高岡市である。

5 (1)①電照菊とよばれてブランド化されている。照明を当てると成長が早まりそうであるが，菊は日照時間が短くなると成長が早まるという特性をもつので，成長を遅らせる抑制栽培になる。渥美半島ではほかに**イ**のキャベツや**エ**のメロンの栽培も盛ん。

---

❶関東　　　　　　　❷利根川
❸関東ローム　　　　❹東京大都市圏
❺政令指定都市　　　❻首都
❼からっ風　　　　　❽ヒートアイランド
❾一極集中　　　　　❿情報通信
⓫都心　　　　　　　⓬昼間
⓭衛星都市　　　　　⓮過密化
⓯再開発　　　　　　⓰みなとみらい21
⓱京浜工業地帯　　　⓲工業団地
⓳近郊農業　　　　　⓴首都直下地震

1 (1)A房総　　B利根　　C越後

(2)関東ローム
(3)埋立地
(4)〈例〉日本海側に雪を降らせた季節風が，山地をこえて乾燥したからっ風としてふくため。

2 (1)①一極集中　　②成田国際空港

(2)昼間の人口
(3)副都心
(4)エ

3 (1)X京浜工業地帯　　Y北関東工業地域

(2)物流センター
(3)近郊農業
(4)①ア　　②エ

4 (1)首都直下地震

(2)①ウ　　②ア

解説

1 (1)B利根川の流域面積は日本最大。
(2)東京湾沿岸も元は砂浜海岸などであった。
(4)乾燥した風がふくため，関東地方の冬は晴れの日が多い。

2 (1)②成田国際空港は，日本最大の貿易港でもある。東京国際空港（羽田空港）は国内線が中心。
(2)逆に，東京中心部の近郊の衛星都市やニュータウンなどは夜間の人口のほうが多くなる。
(4)**エ**みなとみらい21は横浜港に隣接した造船所などのあと地をオフィス街や商業施設に再開発したもの。**ア**幕張新都心は千葉県，**イ**の多摩ニュータウンは東京にある。**ウ**の筑波研究学園都市は茨城県。

3 (1)**X**かつては日本最大の工業地帯であったが，近年，その地位が低下している。**Y**茨城県・栃木県・群馬県の内陸部の高速道路沿いに工業団地が進出した。用地の確保のしやすさと労働力の集めやすさが利点。関東地方には千葉県の東京湾沿岸に発達した京葉工業地域もある。

(2)大規模かつ複雑な機能をもった物流倉庫のことである。

(4)①標高の高い地域で，夏でも涼しい気候を利用。②暖流の影響で冬でも暖かい。**イ**は中部地方の甲州盆地，**ウ**は栃木県のようす。

4 (1)かつて関東大震災が起こったとき，東京・横浜は壊滅的な打撃を受けた。現在はその時よりも高度な都市機能と中枢機能が集中しており，いざ大地震が起こったときのための対策が求められている。

(2)①道路がせまく公園などの空き地が少ないと，火災が発生した時の逃げ場がなくなる。②アスファルトにおおわれた地域では，集中豪雨のときに計画以上の水が流れ込み，洪水や浸水の被害が起こりやすい。**イ**は荒川周辺の再開発地区などで，洪水対策のために行われている。

1 (1)秋田県と岩手県，山形県と宮城県のあいだは，奥羽山脈が県境となっている。

(2)人の手が入っていないブナの原生林が広がっている。

(3)**C**の三陸海岸は天然の良港，またわかめやかきなどの養殖場として多くの恵みをもたらしてきた。リアス海岸は構造上津波のエネルギーが集まりやすく，東日本大震災以前も津波で大きな被害が出ている。

(4)北東の季節風が寒流の千島海流(親潮)の上をふくため，冷夏になることがある。

2 (1)東北地方は青森県のりんごのほか，山形県のさくらんぼやぶどうなど，果樹栽培が盛ん。

(2)東北地方で全国の米の生産の約3割を生産している。

(3)**ア**花笠まつりは山形市，**イ**竿燈まつりは秋田市，**ウ**ねぶた祭は青森市。ほかに仙台市の七夕まつりや福島市のわらじまつりなど。これらの多くは8月に行われる。

(6)宮城県の県庁所在地。

---

p.60	ココ が **要点**
❶リアス海岸	❷東日本大震災
❸やませ	❹穀倉地帯
❺冷害	❻減反
❼年中行事	❽ユネスコ無形文化
❾伝統的工芸品	❿地方中枢

p.62	ココ が **要点**
❶カルデラ	❷知床半島
❸冷帯〔亜寒帯〕	❹アイヌ民族
❺屯田兵	❻酪農
❼流氷	
❽グリーンツーリズム	
❾北洋漁業	❿エコツーリズム

---

p.61　予想問題

1 (1)奥羽山脈
(2)白神山地
(3)リアス海岸
(4)日本海溝
(5)〈例〉低温と霧で日照不足となり，冷害が起こりやすくなる。

2 (1)青森県
(2)穀倉地帯
(3)エ
(4)南部鉄器
(5)工業団地
(6)仙台市

p.63　予想問題

1 (1)**X**石狩
　　　Y根釧
(2)ア
(3)①酪農
　　②乳製品

2 (1)**A**アイヌ民族
　　　B屯田
(2)ウ
(3)養殖業
(4)〈例〉自然環境を体験しながら環境保全について学ぶ観光。

1 (2)北海道は東北地方や新潟県とならぶ米の産地。石狩平野は泥炭地とよばれる土壌が改良され，稲作地帯となった。**イ**の畑作は十勝平野で盛ん。

(3)根釧台地は濃霧が発生するため農産物の栽培には向かないが，国の政策で大規模化が進んだ酪農が盛ん。

2 (1)**A**北海道の地名はアイヌ語に由来するものが多い。**B**屯田兵は兵士と開拓農民の両方の性格をもつ。旭川市のように，屯田兵村から発展した都市もある。

(2)**エ**の寒帯は，冷帯(亜寒帯)よりもさらに高緯度にある気候で，樹木は育たない。

(3)育てる漁業にはほかに栽培漁業もある。栽培漁業では，さけ・ますの稚魚を人工的にふ化させて川に放流し，成長したら漁獲する。

(4)「自然環境を体験する」だけでは不十分。その体験によって環境保全の方法を学ぶことや，環境保全と観光業の持続可能性を考えることなどまで言及できていれば正解。

第4章　地域のあり方

p.64　ココが**要**点

❶自然環境 (かんきょう)　❷産業
❸交通　❹調査テーマ
❺関連図　❻文献資料 (ぶんけん)
❼聞き取り調査
❽プレゼンテーション